# 真宗大谷派
# 御文拝読稽古本

# 目次

※五帖御文の略称は『真宗聖典』並びに大谷派儀式の伝統によった。

# はじめに

私たち真宗門徒にとって御文は正信偈と並んで、最も身近な御聖教です。

御文を著された蓮如上人は、「此の間、面白き事を思い出だして候う。常に、『御文』を、一人なりとも、来らん人にもよませてきかせば、有縁の人は、信をとるべし。（『蓮如上人御一代記聞書』二七八）」とおっしゃっています。すでに蓮如上人が御文を、お手紙としてだけではなく、それ以外のたくさんの方々への教化に用いられていました。

蓮如上人の後を継いで、山科本願寺の住職となった実如上人が、おあさじについて「勤後には御文よみても讃嘆（説教）すべし、先ず讃嘆しても御文よむべし、讃嘆の中にも御文よむべし、御文よまずして讃嘆ばかりもすべし。（『本願寺作法之次第』一二五）」とおっしゃっています。おあさじには、御文の拝読とともに、お説教もされていたことがわかります。お勤めの後にお説教を聴聞し、御文を拝聴するのが今も続く、私たちの長い伝統です。

このように、御文は、常に教化の基本となる御聖教として、読み継がれてきました。

本テキストは本山蔵版を底本として、御文の拝読の稽古本として作られました。CDも付いて独習はできますが、できるだけ講習などを受けて、正しい読法を身につけるように心がけてください。

# 五帖御文《ごじょうおふみ》

# 凡例

・文字、表記等は原則として本山蔵版にしたがった。ただしカタカナを平仮名に直した。なお、原文は版木の文字であるから、漢字の字体が新旧統一されていないところもある。統一せず原文そのままとした。また、異体字などは新字あるいは、旧字の正字のどちらか近い形にした。

・蔵版には句読点や濁点、半濁点が付されていないが、大谷派伝統の読法にしたがって付した。

・読み仮名、仮名遣いは、読法を反映することを目的としたので、『真宗聖典』（東本願寺出版発行）等の表記や、国語上の正しい表記よりも、読むべき音で表記することを優先した。

・漢字の読み仮名は平仮名で付した。ただし読みが大きく変わるところは例外として、傍線を付し、カタカナで読みを付した。申《モオス》、候ふ《ソオロオ》など。繰り返し文字、記号は漢字扱いとした。

・仮名遣いは、蔵版の表記のままとしたが、できるだけ読むべき音に近い形で、カタカナで読み仮名を付した。二字以上続く場合は傍線を付した。

・本文の奥書として文章、日付、場所や和歌などが載せてあることがあるが、拝読しない。

・上、中、下、などの記号が付されている部分は、それまでの本文と区別し、音に変化をつけて読む。本文に戻るときは「上」で音を戻す。

・段の終わりの「／」は音を張る。

・節譜等の記号について

◎　句読点

1　●　＝　この点のおよそ一字前の音を下げて（一字下げ）、ここではっきりと切り、息継ぎをする。

2　○　＝　ここで軽く切る。息継ぎはしない。

3　、　＝　上下に区別があることを意識して読む。必ずしも切る必要はない。

◎　読法上の注意を促すために、文字の左肩に付したカタカナには三種類ある。ただし、二つの場合は右肩にも付した。

1　ス　＝　スム　清音で（濁らずに）読む。

2　ツ　＝　ツメル　促音で読む。

3　ノ　＝　ノム　「つ」の音を「のむ」。

(1)　読み仮名に「ツ」が無い場合

ノ佛《ぶ》「ぶつ」の「つ」を発音しない。

(2)　読み仮名に「ツ」がある場合

ノ佛《ぶッ》「ぶつ」の「つ」の音を、口を閉じて鼻に抜いて破裂音にする。

# ■ 一帖目

一

或人《あるひと》いは《ワ》く○當流《とうりゅう》のこゝ《こ》ろは●門徒《もんと》をばかならずわが弟《で》子《し》とこゝ《こ》ろえを《オ》くべく候《ソオロオ》やらん●如来聖人《にょらいしょうにん》の御弟子《おんでし》とま《モ》うす《オス》べく候《ソオロオ》やらん○その分別《ふんベット》《スツ》を存知《ぞんじ》せず候《ソオロオ》●また、在々《ざいざい》所々《しょしょ》に、小門徒《しょうもんと》をもちて候《ソオロオ》をも●このあひ《イ》だは手次《てつぎ》の坊《ぼう》主《ず》には、あひ《イ》かくしを《オ》き候《ソオロオ》やう《ヨオ》に○心中《しんじゅう》をもちて候《ソオロオ》●これもしかるべくもなきよし○人《ひと》のまうされ《モオサレ》候《ソオロオ》あひ《イ》だ●おなじくこれも不審千万《ふしんせんばん》に候《ソオロオ》●御《ご》ねんごろにうけたまは《ワ》り

たく候《ソロオ》●答《こたえ》ていはく《ワ》●この不審《ふしん》もとも《モットモ》肝要《かんにょう》とこそ存《ぞん》じ候へ《ソオラエ》●かたのごとく耳《みみ》にとゞ《ど》めを《オ》き候分《ソオロオぶん》まうし《モオシ》のぶべし○きこしめされ候へ《ソオラエ》●

故《こ》○聖人《しょうにん》のおほ《オ》せには●親鸞《しんらん》は《ナ》弟子《でし》一人《いちにん》ももたずとこそ、おほ《オ》せられ候ひ《ソオライ》つれ●そのゆへ《エ》は○如来《にょらい》の教法《きょうぼう》を●十《ツ》方《じッぽう》衆生《しゅじょう》にとききかしむるときは●たゞ《だ》如来《にょらい》の御代官《おんだいかん》を《ノ》まう《モオ》し《シ》つるばかりなり●さらに親鸞《しんらん》めづ《ズ》らしき法をもひろめず●如来《にょらい》の教法《きょうぼう》をわれも信《しん》じ○ひとにもを《オ》しへ《エ》きかしむるばかりなり●そのほかは、なにをを《オ》しへ《エ》て弟子《でし》とい《ワ》はんぞと○おほ《オ》せられつるなり●されば○とも同行《どうぎょう》なるべきものなり●これにより《ッ》て○聖人《しょうにん》は《ナ》御同朋御同行《おんどうぼうおんどうぎょう》とこそかしづ《ズ》きておほ《オ》せられけり●さればちかごろは大坊主分《だいぼうずぶん》の人《ひと》も●われは一流《いちりゅう》の安心《あんじん》の次第《しだい》をもしらず●たま〱《たま》弟子《でし》のなかに●信心《しんじん》の沙汰《さた》する在所《ざいしょ》へゆきて○聴聞《ちょうもん》し候《ソオロオ》人《ひと》をば●ことのほか説諫《せッかん》《ツ》をくは《ワ》へ《エ》候《ソオライ》て●あるひ《イ》はなかをたがひ《イ》なんどせられ候《ソオロオ》あひ《イ》だ●坊主《ぼうず》もしかしかと信心《しんじん》の一理《いちり》をも聴聞《ちょうもん》せず●また弟子《でし》をばかやう《カヨオ》にあひ《イ》さゝ《さ》へ《エ》候《ソオロオ》

あひ《イ》だ●われも信心《しんじん》決定《けツじょう》せず○弟子《でし》も信心《しんじん》決定《けツじょう》せずして

●一生《いッしょう》はむなしくすぎゆくやう《ヨオ》に候《ソオロオ》こと●まことに自損《じそん》

損他《そんた》のとがのがれがたく候《ソオロオ》●

あさましく《あさまし》●

古哥《こか》にいは《ワ》く●

うれしさを○むかしはそでにつゝ《つ》みけり●

こよひ《イ》は身《み》にも、あまりぬるかな●

うれしさをむかしはそでにつゝ《つ》むといへ《エ》ることゝ《こ》ろは●む

かしは○雑行正行《ぞうぎょうしょうぎょう》の分別《ふんべツ》もなく●念佛《ねんぶツ》だにも申《モオ》せば○

往生《おうじょう》するとばかりおもひ《イ》つるこゝ《こ》ろなり●こよひ《イ》は身《み》にもあまるといへ《エ》るは●正雑《しょうぞう》の分別《ふんべット》をきゝ《き》わけ●一向一心《いッこういッしん》になりて《ッ》●信心決定《しんじんけッじょう》のうへ《エ》に●佛恩報盡《ぶッとんほうじん》のために念佛《ねんぶッ》ま《モ》う《オ》す《ス》こゝ《こ》ろは●おほ《オ》きに各別《かくべッ》なり●かるがゆへ《エ》に身《み》のを《オ》きどころもなく●おどりあがるほどにおもふ《オ》あひ《イ》だ●よろこびは身《み》にもうれしさが●あまりぬるといへ《エ》るこゝ《こ》ろなり●あなかしこ〱《あなかしこ》

文明三年七月十五日

二

當流《とうりゅう》○親鸞聖人《しんらんしょうにん》の一義《いちぎ》は●あながちに出家發心《しゅッけほッしん》のかたちを本《ほん》とせず●捨家棄欲《しゃけきよく》のすがたを標《ひょう》せず●たゞ《だ》一念歸命《いちねんきみょう》の、他力《たりき》の信心《しんじん》を決定《けッじょう》せしむるときは●さらに男女老少《なんにょろうしょう》をえらばざるものなり●さればこの信《しん》をえたるくらいを●経《きょう》には○即得往生住不退轉《そくとくおうじょうじゅうふたいてん》とときし●釋《しゃく》には○一念發起《いちねんほッき》入正定之聚《にゅうしょうじょうしじゅ》ともいへ《エ》り●これすなは《ワ》ち不来迎《ふらいこう》の談平生業《だんへいぜいごう》成《じょう》の義《ぎ》なり●

和讃《わさん》にいは《ワ》く●弥陀《みだ》の報土《ほうど》をねがふ《ネゴオ》ひと●外儀《げぎ》のすがたはことなりと●本願名號信受《ほんがんみょうごうしんじゅ》して○寤寐《ごび》にわするゝ《る》こと

なかれといへ《エ》り●外儀《げぎ》のすがたといふ《ウ》は●在家《ざいけ》《ツ》出家《しゅッけ》男子《なんし》女人《にょにん》を《ノ》えらばざるこゝ《こ》ろなり●つぎに本願名号信受《ほんがんみょうごうしんじゅ》して○寤寐《ごび》にわするゝ《る》ことなかれといふ《ウ》は●かたちはいかや《ヨ》う《オ》なりといふ《ウ》とも●又《また》つみは十悪五逆謗法闡提《じゅうあくごぎゃくほうぼうせんだい》のともがらなれども●廻《え》心《しん》《ス》懺《さん》悔《げ》して○ふかくかゝ《か》るあさましき機《き》をすくひ《イ》ましま す●弥陀如来《みだにょらい》の本願《ほんがん》なりと信知《しんち》して●ふたごゝ《こ》ろなく如来《にょらい》をたのむこゝ《こ》ろの●ねてもさめても憶《おく》念《ねん》の心《しん》つねにして○わすれざるを●本願《ほんがん》たのむ《ノ》決定心《けッじょうしん》を《ノ》えたる○信心《しんじん》の行人《ぎょうにん》とはいふ《ウ》なり●さてこのうへ《エ》には○

たとひ《イ》行住《ぎょうじゅう》坐《ざ》臥《が》に稱名《しょうみょう》すとも●弥《み》陀《だ》如来《にょらい》の御恩《ごおん》を《ノ》報《ほう》じま《モ》う《オ》す《ス》念佛《ねんぶッ》なりとお《オ》もふべきなり●これを真實《しんじッ》信心《しんじん》を《ノ》えたる決定《けツじょう》往生《おうじょう》の行者《ぎょうじゃ》とはま《モ》う《オ》す《ス》なり●あなかしこく《あなかしこ》

あつき日に　ながる、あせは　なみだかな
かきをくふでの　あとぞをかしき

文明三年七月十八日

三

まづ《ズ》○當流《とうりゅう》の安心《あんじん》のを《オ》もむきは●あながちにわがこ、《こ》ろのわろきをも●また妄念妄執《もうねんもうじゅう》のこ、《こ》ろのを《オ》こるをも○とゞ《ど》めといふ《ウ》にもあらず●たゞ《だ》あきなひ《イ》をもし、奉公《ほうこう》をもせよ○猟《りょう》すなどりをもせよ●かゝ《か》るあさましき罪業《ざいごう》にのみ●朝夕《ちょうせき》まどひ《イ》ぬる我等《われら》ごときのいたづ《ズ》らものを○たすけんとちかひ《イ》まします●弥陀《みだ》如来《にょらい》の本願《ほんがん》にてましますぞとふかく信《しん》じて●一《ツ》心《いっしん》にふたごゝ《こ》ろなく○弥陀《みだ》一佛《いちぶツ》《ノ》の悲願《ひがん》にすがり《ツ》て●たすけましませとおもふ《オ》こゝ《こ》ろの一念《いちねん》の信《しん》まことなれば●かならず如来《にょらい》の御《おん》たすけにあづ《ズ》かるものなり●このうへ《エ》にはなにとこゝ《こ》ろえて念佛《ねんぶツ》《ノ》まうす《モオス》べきぞなれば●往生《おうじょう》はいまの信力《しんりき》により《ツ》て●御《おん》たすけありつるかたじけなき○御恩報謝《ごおんほうしゃ》のために●わがいのちあらんかぎりは○報謝《ほうしゃ》のためとおもひ《イ》て、念佛《ねんぶッ》まうす《モオス》べきなり●これを當流《とうりゅう》の安心決定《あんじんけツじょう》したる●信心《しんじん》の行者《ぎょうじゃ》とはまう《モオ》す《ス》べきなり●あなかしこ〱《あなかしこ》

文明三年十二月十八日

四

抑《そもそも》○親鸞聖人《しんらんしょうにん》の一流《いちりゅう》にを《オ》いては●平生業成《へいぜいごうじょう》の儀《ぎ》にして●来迎《らいこう》をも執《しッ》せられさふらはぬ《ソオラワヌ》よし●うけたまは《ワ》りを《オ》よびさふらふ《ソオロオ》は●いかゞ《が》はんべるべきや●その平生業成《へいぜいごうじょう》とま《モ》

うす《オス》こと も●不来迎《ふらいこう》《ス》なんどの儀《ぎ》をもさらに存知《ぞんじ》せず●くは《ワ》しく聴聞《ちょうもん》つかまつりたくさふらふ《ソオロオ》●答《こたえ》ていは《ワ》く●まことにこの不審《ふしん》もとも《モットモ》もて《モッテ》一流《いちりゅう》の肝要《かんにょう》とおぼえさふらふ《ソオロオ》●おほよそ《オヨソ》當家《とうけ》には●一念發起《いちねんほっき》《ツ》平生業成《へいぜいごうじょう》と談《だん》じて●平生《へいぜい》に弥陀如来《みだにょらい》の本願《ほんがん》の○我等《われら》をたすけたまふ《タモオ》ことは《ワ》りをきゝ《き》ひらくことは●宿善《しゅくぜん》の開發《かいほッ》《ノ》によるがゆへ《エ》なりとこゝ《こ》ろえてのちは●わがちからにてはなかりけり●佛智他力《ぶっちたりき》《ツ》のさづ《ズ》けによりて《ッ》●本願《ほんがん》の由来《ゆらい》を存知《ぞんじ》するものなりとこゝ《こ》ろう《オ》るが○すなは《ワ》ち平生業成《へいぜいごうじょう》の儀《ぎ》なり●され

ば平生業成《へいぜいごうじょう》といふ《ウ》は●いまのことは《ワ》りをきゝ《き》ひらきて○往《おう》生治定《じょうじじょう》とおもひ《イ》さだむるくらいを●一念發起住正定聚《いちねんほッきじゅうしょうじょうじゅ》《ツ》とも●平生業成《へいぜいごうじょう》とも即得往生住不退轉《そくとくおうじょうじゅうふたいてん》ともいふ《ウ》なり●問《とッ》《ツ》ていは《ワ》く●一念往生發起《いちねんおうじょうほッき》《ツ》の儀《ぎ》くは《ワ》しくこゝ《こ》ろえられたり●しかれども不来迎《ふらいこう》《ス》の儀《ぎ》いまだ分別《ふんべッ》《スツ》せずさふらふ《ソオロオ》●ねんごろにしめし、うけたまは《ワ》るべくさふらふ《ソオロオ》●答《こたえ》ていは《ワ》く●不来迎《ふらいこう》《ス》のことも●一念發起住正定聚《いちねんほッきじゅうしょうじょうじゅ》《ツ》と○沙《さ》汰《た》せられさふらふ《ソオロオ》ときは●さらに来迎《らいこう》《ス》を期《ご》しさふらふ《ソオロオ》べきこともなきなり●そのゆへ《エ》は、来迎《らいこう》《ス》を期《ご》するなんどま《モ》うす《オス》ことは●諸行《しょぎょう》の機《き》にとり《ツ》てのことなり●真實《しんじッ》《ツ》信心《しんじん》の行者《ぎょうじゃ》は●一念發起《いちねんほッき》《ツ》するところにて●やがて攝取不捨《せッしゅふしゃ》《ツ》の光《こう》益《やく》にあづ《ズ》かるときは●来迎《らいこう》《ス》までもなきなりとしらる《る》、なり●されば○聖人《しょうにん》のおほ《オ》せには●来迎《らいこう》《ス》は諸行往生《しょぎょうおうじょう》にあり●真實《しんじッ》《ツ》信心《しんじん》の行人《ぎょうにん》は《ナ》●攝取不捨《せッしゅふしゃ》《ツ》のゆへ《エ》に○正定聚《しょうじょうじゅ》に住《じゅう》す●正定聚《しょうじょうじゅ》に住《じゅう》するがゆへ《エ》に○かならず滅度《めッど》《ノ》にいたる●かるがゆへ《エ》に臨終《りんじゅう》まつことなし○来迎《らいこう》《ス》たのむことなしといへ《エ》り●この御《おん》ことばをもて《モッテ》こゝ《こ》ろう《オ》べきものなり●

問《とッ》《ツ》ていは《ワ》く●正定《しょうじょう》と滅度《めッど》《ノ》とは○一益《いちやく》とこゝ《こ》ろう《オ》べきか●

また二益《にやく》とこゝ《こ》ろう《オ》べきや●
答《こたえ》ていはく《ワ》●一念發起《いちねんほッき》《ツ》のかたは、正定聚《しょうじょうじゅ》なり●これは穢《え》土《ど》の益《やく》なり●つぎに《ノ》滅度《めッど》は○淨土《じょうど》にて、うべき益《やく》にてあるなりとこゝ《こ》ろう《オ》べきなり●されば、二益《にやく》なりとおもふ《オ》べきものなり●

問《とッ》《ツ》ていはく《ワ》●かくのごとくこゝ《こ》ろえさふらふ《ソオロオ》ときは●往《おう》生《じょう》は治定《じじょう》と存《ぞん》じを《オ》きさふらふ《ソオロオ》に●なにとてわづ《ズ》らは《ワ》しく信心《しんじん》を《ノ》具《ぐ》すべきなんど○沙汰《さた》さふらふ《ソオロオ》は●いかゞ《が》こゝ《こ》ろえはんべるべきや●これもうけたまは《ワ》りたくさふらふ《ソオロオ》●

答《こたえ》ていは《ワ》く●まことにもて《モッテ》○このたづ《ズ》ねのむね肝要《かんにょう》なり●さればいまのごとくにこゝ《こ》ろえさふらふ《ソオロオ》すがたこそ●すなは《ワ》ち、信心決定《しんじんけッじょう》《ノ》のこゝ《こ》ろにてさふらふ《ソオロオ》なり●問《とッ》《ツ》ていは《ワ》く●信心決定《しんじんけッじょう》《ノ》するすがた、すなは《ワ》ち、平生業成《へいぜいごうじょう》と●不来迎《ふらいこう》《ス》と●正定聚《しょうじょうじゅ》との○道理《どうり》にてさふらふ《ソオロオ》よし●分《ふん》《ス》明《みょう》に聴聞《ちょうもん》つかまつりさふらひ《ソオライ》をはりぬ《オワンヌ》●しかりといへ《エ》ども●信心治定《しんじんじじょう》しての、のちには●自身《じしん》の往生極樂《おうじょうごくらく》のためとこゝ《こ》ろえて○念佛《ねんぶッ》《ノ》まうしさふらふ《モオシソオロオ》べきか●また、佛恩《ぶッとん》《ツ》報謝《ほうしゃ》のためとこゝ《こ》ろう《オ》べきや●いまだそのこゝ《こ》ろをえず

さふらふ《ソオロオ》●
答《こたえ》ていは《ワ》く●この不審《ふしん》、また肝要《かんにょう》とこそおぼえさふらへ《ソオラエ》
●そのゆへ《エ》は一念《いちねん》の信心《しんじん》發得《ほッとく》已後《いご》の念佛《ねんぶッ》を《ト》ば●自身《じしん》往生《おうじょう》の
業《ごう》とはおもふ《オ》べからず●たゞ《だ》ひとへ《エ》に佛恩報謝《ぶッとんほうしゃ》のため
とこゝ《こ》ろえらるべきものなり●されば善導和尚《ぜんどうかしょう》の●上盡《じょうじん》
一形《いちぎょう》○下至《げし》一念《いちねん》と釋《しゃく》せり●下至《げし》一念《いちねん》といふ《ウ》は●信心決定《しんじんけッじょう》
のすがたなり●上盡一形《じょうじんいちぎょう》は○佛恩報盡《ぶッとんほうじん》の念佛《ねんぶッ》なりときこ
えたり●これをもて《モッテ》よく〳〵《よく》こゝ《こ》ろえらるべきものなり
●あなかしこ〳〵《あなかしこ》

# 文明四年十一月廿七日

## 五

抑《そもそも》○當年《とうねん》より事外《ことのほか》●加州《かしゅう》、能登《のと》、越《えッ》《ツ》中《ちゅう》、兩三ケ國《りょうさんがこく》《ス》の間《あいだ》より、道俗男女《どうぞくなんにょ》群《くん》《ス》集《じゅう》をなして●此吉崎《このよしざき》の山中《さんちゅう》に参詣《さんけい》せらるゝ《る》●面々《めんめん》の心中《しんじゅう》のとを《オ》り●いかゞ《が》と心元《こころもと》なく候《ソオロオ》●そのゆへ《エ》は○まづ《ズ》當流《とうりゅう》のを《オ》もむきは●このたび極樂《ごくらく》に往生《おうじょう》すべきことは《ワ》りは●他力《たりき》の信心《しんじん》を《ノ》えたるがゆへ《エ》なり●しかれども此一流《このいちりゅう》のうちにを《オ》いて●しか〱《しか》とその信心《しんじん》のすがたをもえたる人《ひと》これなし●かくのごとくのやからは○いかでか報土《ほうど》の往生《おうじょう》をばたやすくとぐべきや●一大事《いちだいじ》といふ《ウ》はこれなり●幸《さいわい》に五里十里《ごりじゅうり》の遠路《えんろ》をしのぎ●この雪《ゆき》の中《うち》に参詣《さんけい》のこゝ《こ》ろざしはいかやう《ヨオ》にこゝ《こ》ろえられたる心《しん》中《じゅう》ぞや●千万心元《せんばんこころもと》なき次第《しだい》なり●所詮已前《しょせんいぜん》は《ナ》いかやう《ヨオ》の心中《しんじゅう》にてありといふ《ウ》とも●これよりのちは心中《しんじゅう》にこゝ《こ》ろえを《オ》かるべき次第《しだい》を●くは《ワ》しく申《モオ》すべし●よく〱《よく》みゝ《み》をそばだてゝ《て》聴聞《ちょうもん》あるべし●そのゆへ《エ》は他力《たりき》の信心《しんじん》といふ《ウ》事《こと》を●しかと心中《しんじゅう》にたくは《ワ》へ《エ》られ候《ソオライ》て●そのうへ《エ》には佛《ツ》恩報謝《ぶッとんほうしゃ》のためには●行住坐臥《ぎょうじゅうざが》に念《ねん》佛《ぶッ》《ツ》を《ト》申《モオ》さるべきば

かりなり●このこゝ《こ》ろえにてあるならば●このたびの往《おう》生《じょう》は一定《いちじょう》なり●このうれしさのあまりには●師匠坊主《ししょうぼうず》の在所《ざいしょ》へもあゆみをはこび○こゝ《こ》ろざしをもいたすべきものなり●これすなはち當流《とうりゅう》の儀《ぎ》をよくこゝ《こ》ろえたる●信《しん》心《じん》の人《ひと》とは、申《モオス》べきものなり●あなかしこ〱《あなかしこ》

文明五年二月八日

## 六

抑《そもそも》○當季《とうねん》の夏《なつ》このごろはなにとやらん●ことのほか睡眠《すいめん》におかされて○ねむたくさふらふ《ソオロオ》は●いかんと案《あん》じさふ《ソオ》

らへ《ラエ》ば●不審《ふしん》もなく、往生《おうじょう》の死期《しご》もちかづくかとおぼえ候《ソオロオ》●まことにもて《モッテ》あじきなく○名殘《なごり》おしくこそさふらへ《ソオラエ》●さりながら今日《こんにち》までも●往生《おうじょう》の期《ご》もいまやきたらんと●由断《ゆだん》なくそのかまへ《エ》はさふらふ《ソオロオ》●それにつけても、この在所《ざいしょ》にをいて《オ》●已後《いご》までも信心《しんじん》ノ決定《けッじょう》するひとの退轉《たいてん》なきやう《ヨオ》にもさふらへ《ソオラエ》かしと●念願《ねんがん》のみ晝夜《ちゅうや》不断《ふだん》におもふ《オ》ばかりなり●この分《ぶん》にては往生《おうじょう》つかまつりさふらふ《ソオロオ》とも●いまは子細《しさい》なくさふらふ《ソオロオ》べきに●それにつけても面々《めんめん》の心中《しんじゅう》も●ことのほか由断《ゆだん》どもにてこそはさふらへ《ソオラエ》●命《いのち》のあらんかぎりは●われらはいまのごとくにてあるべく候《ソオロオ》●よろづ《ズ》につけてみな〱《みな》の心中《しんじゅう》こそ、不足《ふそく》に存《ぞん》じさ《ソ》ふらへ《オラエ》●明日《みょうにち》もしらぬいのちにてこそ候《ソオロオ》に●なにごとをまうす《モオス》もいのちを《オ》は《ワ》りさふらはゞ《ソオラワば》●いたづ《ズ》らごとにてあるべく候《ソオロオ》●いのちのうちに、不審《ふしん》もとく〱《とく》はれられさ《ソ》ふらは《オラワ》では●さだめて後悔《こうかい》のみにてさふらは《ソオラワ》んずるぞ●御《おん》こゝ《こ》ろえあるべく候《ソオロオ》●あなかしこ〱《あなかしこ》

この障子のそなたの人々のかたへまいらせさふらふのちの年にとり

いだして御覧候へ

文明五季　卯月廿五日　書之

七

さんぬる文明第四《ぶんめいだいし》の暦《れき》●弥生中半《やよいなかば》のころかとおぼえはんべり《ツ》しに●さもありぬらんとみえつる女姓《にょしょう》、一二人《いちににん》●おとこなんどあひ《イ》具《ぐ》したるひと〴〵《びと》●この山《やま》のことを沙汰《さた》しまうし《モオシ》けるは●そもく《そも》、このごろ吉崎《よしざき》の山上《さんじょう》に○一《いち》宇《う》の坊舎《ぼうじゃ》をたてられて●言語道断《ごんごどうだん》おもしろき在所《ざいしょ》かなとまうしさふらふ《モオシソオロオ》●なかにもことに加賀《かが》、越中《えッちゅう》《ツ》、能登《のと》、越《えち》後《ご》●信濃《しなの》、出羽《でわ》、奥州《おうしゅう》○七ケ國《しちかこく》より●かの門下中《もんかじゅう》この當《とう》山《ざん》へ、道俗男女参詣《どうぞくなんにょさんけい》をいたし●群《ス》集《くんじゅう》せしむるよし、そのきこえかくれなし●これ《ノ》末代《まッだい》の不思議《ふしぎ》なり●たゞ《だ》ごとともおぼえはんべらず●さりながら、かの門徒《もんと》の面々《めんめん》には●さても念佛《ねんぶッ》《ノ》法門《ほうもん》を《ノ》ば○なにとすゝ《す》められさふらふ《ソオロオ》やらん●とりわけ信心《しんじん》といふ《ウ》ことを、むねとを《オ》しへ《エ》られさふ《ソオ》らふ《ロオ》よし●ひと〴《びと》まうし《モオシ》候《ソオロオ》なるは●いかやう《ヨオ》なることにて候《ソオロオ》やらん○くは《ワ》しくき《き》、まいらせて●われらもこの罪業深重《ざいごうじんじゅう》の○あさましき女人《にょにん》の身《み》をもちてさふらへ《ソオラエ》ば●

その信心《しんじん》とやらんを《ノ》きゝ《き》、わけまいらせて●往生《おうじょう》をねがひ《イ》たく候《ソオロオ》よしを●かの山中《さんちゅう》のひとにたづ《ズ》ねまうし《モオシ》てさふら《ソオラ》へ《エ》ば●しめしたまへ《エ》るを《オ》もむきは○なにのやう《ヨオ》もなく●たゞ《だ》わが身《み》は十悪《じゅうあく》五逆《ごぎゃく》五障《ごしょう》三従《さんしょう》のあさましきものぞとおもひ《イ》て●ふかく阿弥陀如来《あみだにょらい》は●かゝ《か》る機《き》をたすけましま す○御《おん》すがたなりとこゝ《こ》ろえまいらせて●ふたごゝ《こ》ろなく弥陀《みだ》をたのみたてまつり《ツ》て●たすけたまへ《エ》とおもふ《オ》こゝ《こ》ろの一念《いちねん》を《オ》こるとき●かたじけなくも●如来《にょらい》は八万四千《はちまんしせん》の光明《こうみょう》をはなち《ツ》て○その身《み》を攝取《せッしゅ》《ツ》したまふ《タモオ》なり

●これを弥陀如来《みだにょらい》の●念佛《ねんぶッ》の行者《ぎょうじゃ》を摂取《せッしゅ》したまふ《タモオ》といへ《エ》るはこのことなり●摂取不捨《せッしゅふしゃ》といふ《ウ》は●おさめとり《ッ》てすてたまはず《ワ》といふ《ウ》こゝ《こ》ろなり●このこゝ《こ》ろを、信心《しんじん》を《ノ》えたる人《ひと》とはまうす《モオス》なり●さてこのうへ《エ》にはねてもさめてもたて《タッテ》もいても●南無阿弥陀佛《なむあみだぶッ》とまうす《モオス》念佛《ねんぶッ》は《タ》●弥陀《みだ》に、はや、たすけられまいらせつるかたじけなさの●弥陀《みだ》の御恩《ごおん》を《ノ》南无阿弥陀佛《なむあみだぶッ》ととなへ《エ》て報じまうす《モオス》念佛《ねんぶッ》なりとこゝ《こ》ろう《オ》べきなりと●ねんごろにかたりたまひ《イ》しかば○この女人《にょにん》たち、そのほかのひとまうされ《モオサレ》けるは●まことにわれらが根機《こんき》にかなひ《イ》たる●弥陀《みだ》如来《にょらい》の本願《ほんがん》にてまし〱《まし》候《ソオロオ》をも●いまゝ《ま》で信《しん》じまいらせさふら《ソオラワ》はぬことのあさましさ○まうす《モオス》は《ス》かりもさふらは《ソオラワ》ず●いまよりのちは、一《ツ》向《いッこう》に弥陀《みだ》をたのみまいらせて●ふたごゝ《こ》ろなく一念《いちねん》にわが往生《おうじょう》は●如来《にょらい》のかたより、御《おん》たすけありけりと信《しん》じたてまつ《ツ》りて●そののちの念《ねん》佛《ぶッ》《ツ》は《タ》佛《ぶッ》《ツ》恩報謝《とんほうしゃ》の稱名《しょうみょう》なりとこゝ《こ》ろえ候《ソオロオ》べきなり●かゝ《か》る不思議《ふしぎ》の宿縁《しゅくえん》にあひ《イ》まいらせて●殊勝《しゅしょう》の法《ほう》をきゝ《き》まいらせ候《ソオロオ》ことの●ありがたさた《ト》うとさ《オトサ》●なか〱《なか》、まうす《モオス》は《ス》かりもなくおぼえはんべる

なり●いまは、はや、いとまうす《モオス》なりとて●なみだをうかめて○みな〱《みな》かへ《エ》りにけり●あなかしこ〱《あなかしこ》

文明五年八月十二日

## 八

文明第三《ぶんめいだいさん》、初夏上旬《そかじょうじゅん》のころより●江州志賀郡《ごうしゅうしがのこおり》《ス》●大津三《おおつみ》井《い》寺《でらの》●南別《みなみべッ》《ツ》所邊《しょへん》より●なにとなく、不圖《ふと》しのびいで《て》、○越前《えちぜん》、加賀《かが》、諸所《しょしょ》を経廻《けいがい》せしめをはりぬ《オワンヌ》●よて《ヨッテ》當國細呂《とうごくほそろ》宜郷内《ぎのごうのうち》●吉崎《よしざき》といふ《ウ》この在所《ざいしょ》●すぐれておもしろきあひ《イ》だ○年来《ねんらい》虎狼《ころう》のすみなれし●この山中《さんちゅう》をひきたいらげて

○七月《しちがッ》《ノ》廿七日《にじゅうしちにち》より●かたのごとく一宇《いちう》を建立《こんりゅう》して●昨日《きのう》今日《きょう》とすぎゆくほどに●はや三年《みとせ》の春秋《しゅんじゅう》はを《オ》くりけり●さるほどに道俗男女《どうぞくなんにょ》○群集《くんじゅう》《ス》せしむといへ《エ》ども●さらになにへ《エ》んともなき、躰《てい》なるあひ《イ》だ●當年《とうねん》より諸人《しょにん》の出入《しゅつにゅう》をとゞ《ど》むるこゝ《こ》ろは●この在所《ざいしょ》に居住《きょじゅう》せしむる根元《こんげん》は《ナ》●なにごとぞなれば●そも〳〵《そも》、人界《にんがい》の生《しょう》をうけて●あひ《イ》がたき佛法《ぶッぽう》《ツ》にすでにあへ《エ》る身《み》が●いたづ《ズ》らに○むなしく捨《な》落《らく》にしづ《ズ》まんは《ナ》まことにもて《モッテ》あさましきことにはあらずや●しかるあひ《イ》だ○念佛《ねんぶッ》《ノ》の信心《しんじん》を《ノ》決定《けッじょう》《ノ》して●極樂《ごくらく》の往生《おうじょう》をとげんとおもは《ワ》ざらん人々《ひとびと》は●なにしにこの在所《ざいしょ》へ来《らい》集《じゅう》せんこと○かなふ《カノオ》べからざるよしの成敗《せいばい》をくは《ワ》へ《エ》をは《オワ》りぬ《ンヌ》●これひとへ《エ》に、名聞利養《みょうもんりよう》を本《ほん》とせず●たゞ《だ》後生菩提《ごしょうぼだい》をこと、《と》するがゆへ《エ》なり●しかれば見聞《けんもん》の諸人偏執《しょにんへんじゅう》をなすことなかれ●あなかしこ〳〵《あなかしこ》

文明五年九月日

九

抑《そもそも》○當宗《とうしゅう》を昔《むかし》より●人《ひと》こぞり《ツ》てを《オ》かしく○きたなき宗《しゅう》とまうす《モオス》なり●これまことに道理《どうり》のさすところなり●その

ゆへ《エ》は、當流人数《とうりゅうにんじゅ》のなかにを《オ》いて●あるひ《イ》は、他門《たもん》、他《た》宗《しゅう》に對《たい》して、はゞ《ば》かりなく●我家《わがいえ》の義《ぎ》を申《モオ》しあらは《ワ》せるいは《ワ》れなり●これおほ《オ》きなるあやまりなり●それ、當流《とうりゅう》のおきてをまもるといふ《ウ》は●我流《わがりゅう》につたふ《ツトオ》るところの義《ぎ》を●しかと内心《ないしん》にたくは《ワ》へ《エ》て●外相《げそう》にそのいろをあらは《ワ》さぬを●よくものにこゝ《こ》ろえたる、人《ひと》とはいふ《ウ》なり●しかるに當世《とうせい》は、我宗《わがしゅう》のことを●他門《たもん》、他宗《たしゅう》にむかひ《イ》て、その斟酌《しんしゃく》もなく●聊尓《りょうじ》に沙汰《さた》するにより《ツ》て●當流《とうりゅう》を人《ひと》のあさまにおもふ《オ》なり●かやう《カヨオ》にこゝ《こ》ろえのわろきひとのあるによりて《ツ》●當流《とうりゅう》をきたなく、いまは《ワ》しき宗《しゅう》と人《ひと》おもへ《エ》り●さらにもて《モッテ》これは、他人《たにん》わろきにはあらず●自流《じりゅう》の人《ひと》わろきによるなりとこゝ《こ》ろう《オ》べし●つぎに、物忌《ぶっき》《ツ》といふ《ウ》ことは●我流《わがりゅう》には佛法《ぶっぽう》《ツ》について、ものいまは《ワ》ぬといへ《エ》るとなり●他宗《たしゅう》にも○公方《くほう》《ス》にも對《たい》しては●などか物《もの》をいまざらんや○他宗《たしゅう》他門《たもん》にむかひ《イ》ては●もとよりいむべきこと勿論《もちろん》なり●又《また》、よその人《ひと》の物《もの》いむといひ《イ》て○そしることあるべからず●しかりといへ《エ》ども佛法《ぶっぽう》《ツ》を修行《しゅぎょう》せんひとは●念佛者《ねんぶっしゃ》《ツ》にかぎらず●物《もの》さのみいむべからずと

○あきらかに、諸経《しょきょう》の文《もん》にもあまたみえたり●まづ《ズ》涅槃《ねはん》経《ぎょう》にのたまはく《ワ》●如来法中《にょらいほうじゅう》、无有選擇《むうせんじゃく》、吉日良辰《きちにちりょうしん》といへ《エ》り●この文《もん》のこゝ《こ》ろは●如来《にょらい》の法《ほう》のなかに●吉日良辰《きちにちりょうしん》を《ノ》えらぶことなしとなり●

又《また》、般舟経《はんじゅきょう》にのたまはく《ワ》●

優婆夷聞是三昧欲學者《うばいもんぜさんまいよくがくしゃ》●乃《ない》至《し》自歸命佛《じきみょうぶつ》●歸命法《きみょうほう》歸命比丘僧《きみょうびくそう》●不得事餘道《ふとくじよどう》不得拜於天《ふとくはいおでん》●不得祠鬼神《ふとくしきじん》不得視吉良日《ふとくしきちりょうにッ》《ツ》已《と》上いへ《エ》り●この文《もん》のこゝ《こ》ろは●優婆夷《うばい》この三昧《さんまい》をきゝ《き》て○まなばんと欲《ほッ》《ツ》せんものは●みづ《ズ》から佛《ぶッ》《ノ》に歸命《きみょう》し●法《ほう》に歸命《きみょう》

せよ○比丘僧《びくそう》に歸命《きみょう》せよ●餘道《よどう》につかふる《ツコオ》ことをえざれ●天《てん》を《ノ》拜《はい》することをえざれ●鬼神《きしん》《ス》を《ノ》まつることをえざれ●吉良日《きちりょうにッ》《ツ》を《ト》みることをえざれといへ《エ》り●かくのごとくの經文《きょうもん》どもこれありといへ《エ》ども●此分《このぶん》を《ノ》いだすなり●ことに念佛行者《ねんぶツぎょうじゃ》はかれらにつかふ《ツコオ》べからざるやう《ヨオ》にみえたり●よく〳〵《よく》こゝ《こ》ろう《オ》べし●あなかしこ〳〵《あなかしこ》

文明五年九月日

## 十

抑《そもそも》○吉崎《よしざき》の當山《とうざん》にを《オ》いて●多屋《たや》の坊主達《ぼうずたち》の内方《ないほう》となら

んひとは●まことに先世《ぜんぜ》の宿縁《しゅくえん》あさからぬゆへ《エ》と○おもひ《イ》はんべるべきなり●それも後生《ごしょう》を一大事《いちだいじ》とおもひ《イ》○信心《しんじん》も《ノ》決定《けつじょう》したらん身にとり《ツ》てのうへ《エ》のことなり●しかれば内方《ないほう》とならんひとびとは●あひ《イ》かまへ《エ》て○信心《しんじん》を《ノ》よく《よく》とるべし●それまづ《ズ》、當流《とうりゅう》の安心《あんじん》とまうす《モオス》ことは●おほよそ《オヨソ》浄土《じょうど》一《いっ》《ツ》家《け》のうちにを《オ》いて●あひ《イ》かは《ワ》り《ツ》て、ことにすぐれたるいは《ワ》れあるがゆへ《エ》に●他力《たりき》の大信心《だいしんじん》とま《モ》うす《オス》なり●さればこの信心《しんじん》を《ノ》えたるひとは●十人《じゅうにん》は《ナ》十人《じゅうにん》ながら○百人《ひゃくにん》は《ナ》百人《ひゃくにん》ながら●今度《こんど》の往生《おうじょう》は一定《いちじょう》なりとこ

ゝ《こ》ろう《オ》べきものなり●その安心《あんじん》とまうす《モオス》は○いかやう《ヨオ》にこゝ《こ》ろう《オ》べきことやらん●くは《ワ》しくも、しりはんべらざるなり●

こたへ《エ》ていは《ワ》く●まことにこの不審《ふしん》肝要《かんにょう》のことなり●お《オ》ほよそ《ヨソ》、當流《とうりゅう》の信心《しんじん》を《ノ》とるべきを《オ》もむきは●まづ《ズ》わが身は女人《にょにん》なれば●つみふかき五障三従《ごしょうさんしょう》とて、あさましき身《み》にて●すでに十方《じッぽう》《ツ》の如来《にょらい》も●三世《さんぜ》の諸佛《しょぶッ》《ノ》にもすてられたる、女人《にょにん》なりけるを●かたじけなくも弥陀如来《みだにょらい》、ひとり●かゝ《か》る機《き》をすくは《ワ》んとちかひ《イ》たまひ《イ》て●すでに四十八《しじゅうはち》願《がん》を《ノ》を《オ》こしたまへ《エ》り●そのうち第十八《だいじゅうはち》の願《がん》にを《オ》いて●一《いッ》《ツ》切《さい》の悪人女人《あくにんにょにん》を《ノ》たすけたまへ《エ》るうへ《エ》に●なを《オ》女人《にょにん》は《ナ》つみふかく○うたがひ《イ》のこゝ《こ》ろふかきにより《ッ》て●またかさねて第卅五《だいさんじゅうご》の願《がん》になを《オ》、女人《にょにん》を《ノ》たすけんといへ《エ》る願《がん》を《ノ》を《オ》こしたまへ《エ》るなり●かゝ《か》る弥陀如来《みだにょらい》の御苦労《ごくろう》ありつる●御恩《ごおん》のかたじけなさよとふかくおもふ《オ》べきなり●問《とッ》《ツ》ていはく《ワ》●さてかやう《カヨオ》に弥陀如来《みだにょらい》の●われらごときのものをすくはん《ワ》と●たび〳〵《たび》願《がん》を《ノ》を《オ》こしたまへ《エ》ることの●ありがたさをこゝ《こ》ろえわけまいらせさふらひ《ソオライ》ぬるにつ

いて●なにとやう《ヨオ》に機《き》を、もちて●弥陀《みだ》をたのみまいらせさふらは《ソオラワ》んずるやらん●くは《ワ》しくしめしたまふ《タモオ》べきなり●

こたへ《エ》ていは《ワ》く●信心《しんじん》を《ノ》とり、弥陀《みだ》をたのまんと、おもひ《イ》たまは《ワ》ゞ《ば》●まづ《ズ》人間《にんげん》は《ナ》たゞ《だ》ゆめまぼろしのあひ《イ》だのことなり●後生《ごしょう》こそ○まことに永生《ようしょう》の樂《らッ》果《か》なりと、おもひ《イ》とり《ッ》て●人間《にんげん》は《ナ》五十年百年《ごじゅうねんひゃくねん》のうちのたのしみなり●後生《ごしょう》こそ一大事《いちだいじ》なりとおもひ《イ》て●もろく《もろ》の雑行《ぞうぎょう》をこのむ、こゝ《こ》ろをすて●あるひ《イ》はまた、ものゝ《の》いまは《ワ》しくおもふ《オ》こゝ《こ》ろをもすて●一心一向《いッしんいッこう》に弥陀《みだ》をたのみたてまつり《ッ》て●そのほか餘《よ》の佛菩薩《ぶッぼさッ》諸神等《しょじんとう》にも、こゝ《こ》ろをかけずして●たゞ《だ》ひとすぢ《ジ》に弥陀《みだ》に帰《き》して●このたびの往生《おうじょう》は治定《じじょう》なるべしとおもは《ワ》ゞ《ば》●そのありがたさのあまり●念佛《ねんぶッ》を《ト》まうし《モオシ》て●弥陀如来《みだにょらい》のわれらをたすけたまふ《タモオ》○御恩《ごおん》を報《ほう》じたてまつるべきなり●これを信心《しんじん》をえたる●多屋《たや》の坊《ぼう》主達《ずたち》の○内方《ないほう》のすがたとはまうす《モオス》べきものなり●あなかしこく《あなかしこ》

文明五年九月十一日

十一

それ○おもんみれば●人間《にんげん》は《ナ》たゞ《だ》電光朝露《でんこうちょうろ》の○ゆめまぼろしのあひ《イ》だのたのしみぞかし●たとひ《イ》また、榮華榮耀《えいがえいよう》にふけり《ツ》て○おもふ《オ》さまのことなりといふ《ウ》とも●それはたゞ《だ》五十年乃至百年《ごじゅうねんないしひゃくねん》のうちのことなり●もしたゞ《だ》いまも○无常《むじょう》のかぜきたり《ツ》てさそひ《イ》なば●いかなる病苦《びょうく》にあひ《イ》てか、むなしくなりなんや●まことに死《し》せんときは●かねてたのみを《オ》きつる、妻子《さいし》も、財寶《ざいほう》も●わが身《み》にはひとつも、あひ《イ》そふ《オ》ことあるべからず●されば死出《しで》の山路《やまじ》のすえ●三途《さんず》の大河《だいが》をばたゞ《だ》ひとりこそゆきなんずれ●これにより《ツ》てたゞ《だ》ふかく、ねがふ《ネゴオ》べきは後生《ごしょう》なり●またたのむべきは、弥陀《みだ》如来《にょらい》なり●信心《しんじん》《ノ》決定《けッじょう》してまいるべきは●安養《あんにょう》の浄土《じょうど》なりとおもふ《オ》べきなり●これについてちかごろは○この方《ほう》の念佛《ツ》者《ねんぶッしゃ》の坊主達《ぼうずたち》●佛《ツ》法《ぶッぽう》の次第《しだい》もて《モッテ》のほか相違《そうい》す●そのゆへ《エ》は門徒《もんと》のかたよりものをとるをよき弟子《でし》といひ《イ》●これを信心《しんじん》のひとゝ《と》いへ《エ》り●これおほ《オ》きなるあやまりなり●また弟子《でし》は●坊主《ぼうず》にものをだにもおほ《オ》くまいらせば●わがちからかなは《ワ》ずとも●坊主《ぼうず》のちからにて、たすかるべきやう《ヨオ》におもへ《エ》り○これもあやまりなり●かくのごとく坊主《ぼうず》と門徒《もんと》のあひ《イ》だにおいて●さらに當流《とうりゅう》の信心《しんじん》のこゝ《こ》ろえの分《ぶん》は《ナ》ひとつもなし●まことにあさましや師《し》弟子《でし》ともに●極樂《ごくらく》には往生《おうじょう》せずして●むなしく地獄《じごく》におちんことはうたがひ《イ》なし●なげきてもなを《オ》あまりあり●かなしみてもなを《オ》ふかくかなしむべし●しかれば今日《きょう》よりのちは●他力《たりき》の大信心《だいしんじん》の次第《しだい》を●よく存知《ぞんじ》したらんひとにあひ《イ》たづ《ズ》ねて○信心決定《しんじんけッじょう》して●その信心《しんじん》のを《オ》もむきを弟子《でし》にもを《オ》しへ《エ》て●もろともに○今度《こんど》の一《いち》大事《だいじ》の往生《おうじょう》を●よく〳〵《よく》とぐべきものなり●あなかしこ

〱《あなかしこ》

文明五年九月中旬

十二 抑《そもそも》○年来超勝寺《ねんらいちょうしょうじ》の門徒《もんと》にを《オ》いて●佛《ツ》法《ぶっぽう》の次第《しだい》もて《モッテ》のほか相違《そうい》せり●そのいはれは《ワ》○まづ《ズ》座衆《ざしゅ》とてこれあり●いかにもその座上《ざしょう》《ス》にあがりて《ッ》●さかづき《ズ》なんどまでも○ひとよりさきにのみ●座中《ざちゅう》のひとにも●またそのほかたれ〱《たれ》にも●いみじくおもはれ《ワ》んずるが●まことに佛《ツ》法《ぶっぽう》の肝要《かんにょう》たるやう《ヨオ》に●心中《しんじゅう》にこゝ《こ》ろえをき《オ》たり●これさらに、

往生極樂《おうじょうごくらく》のためにあらず●たゞ《だ》世間《せけん》の名聞《みょうもん》ににたり●しかるに當流《とうりゅう》にを《オ》いて●毎月《まいがっ》《ノ》の會合《かいごう》の由来《ゆらい》は○なにの用《よう》ぞなれば●在家无智《ざいけむち》の身《み》をもて《モッテ》●いたづ《ズ》らにくらし○いたづ《ズ》らにあかして●一期《いちご》はむなしくすぎて●ついに三途《さんず》にしづ《ズ》まん身《み》が●一月《いちがっ》《ノ》に一度《いちど》なりとも●せめて念佛《ねんぶっ》《ツ》修行《しゅぎょう》の人數《にんじゅ》ばかり、道場《どうじょう》にあつまり《ツ》て●わが信心《しんじん》は《ナ》、ひとの信《しん》心《じん》は《ナ》いかゞ《が》あるらんといふ《ウ》●信心《しんじん》沙汰《ざた》をすべき用《よう》の會合《かいごう》なるを●ちかごろはその信心《しんじん》といふ《ウ》ことは●かつて是非《ぜひ》の沙汰《さた》にを《オ》よばざるあひ《イ》だ●言語道断《ごんごどうだん》あさましき次第《しだい》なり●所詮《しょせん》自今已後《じこんいご》は●かたく會合《かいごう》の座中《ざちゅう》にを《オ》いて●信心《しんじん》の沙汰《さた》をすべきものなり●これ真實《しんじッ》《ノ》の往生極樂《おうじょうごくらく》をとぐべき○いは《ワ》れなるがゆへ《エ》なり●あなかしこ〱《あなかしこ》

文明五年九月下旬

十三 抑《そもそも》○ちかごろは、この方念佛者《ほうねんぶッしゃ》《ツ》のなかにを《オ》いて●不思議《ふしぎ》の名言《みょうごん》《ノ》をつかひ《イ》て●これこそ信心《しんじん》《ノ》をえたるすがたよといひ《イ》て●しかもわれは當流《とうりゅう》の信心《しんじん》《ノ》を●よくしりがほ《オ》の躰《てい》に心中《しんじゅう》にこゝ《こ》ろえを《オ》きたり●そのことばにいは《ワ》く●十劫正《じッこうしょう》《ツ》

覺《がく》のはじめより●われらが往生《おうじょう》をさだめたまへ《エ》る●弥陀《みだ》の御恩《ごおん》を《ノ》わすれぬが信心《しんじん》ぞといへ《エ》り●これおほ《オ》きなるあやまりなり●そも弥陀《みだ》如来《にょらい》の正覺《しょうがく》をなりたまへ《エ》るいは《ワ》れを○しり《ツ》たりといふ《ウ》とも●われらが往生《おうじょう》すべき他力《たりき》の信《しん》心《じん》といふ《ウ》●いは《ワ》れをしらずは《ス》いたづ《ズ》らごとなり●しかれば向後《きょうこう》《ス》にを《オ》いては●まづ《ズ》當流《とうりゅう》の真實《しんじッ》《ツ》信心《しんじん》といふ《ウ》ことを●よく〱《よく》存知《ぞんじ》すべきなり●その信心《しんじん》といふ《ウ》は●大経《だいきょう》には○三信《さんしん》《ス》ととき●観経《かんぎょう》には三心《さんじん》といひ《イ》●阿弥陀経《あみだきょう》には○一《いッ》《ツ》心《しん》とあらは《ワ》せり●三経《さんぎょう》ともにその名《な》かは《ワ》りたりといへ《エ》ど

も●そのこゝ《こ》ろはたゞ《だ》他力《たりき》の一心《いッしん》《ツ》を《ノ》あらは《ワ》せるこゝ《こ》ろなり●されば信心《しんじん》といへ《エ》るそのすがたは●いかやう《ヨオ》なることぞといへ《エ》ば●まづ《ズ》もろ〳〵《もろ》の雑行《ぞうぎょう》をさしを《オ》きて●一向《いッこう》《ツ》に弥陀《みだ》如来《にょらい》をたのみたてまつりて《ツ》●自餘《じよ》の一切《いッさい》《ツ》の諸神諸《しょじんしょ》佛等《ぶッとう》《ツ》にもこゝ《こ》ろをかけず○一心《いッしん》《ツ》にもぱら《モッパラ》弥陀《みだ》に歸命《きみょう》せば●如来《にょらい》は光明《こうみょう》をもて《モッテ》●その身を攝取《せッしゅ》《ツ》してすてたまふ《タモオ》べからず●これすなは《ワ》ち、われらが一念《いちねん》の信心決定《しんじんけッじょう》《ノ》したるすがたなり●かくのごとくこゝ《こ》ろえての、のちは●弥陀《みだ》如《によ》来《らい》の他力《たりき》の信心《しんじん》を《ノ》●われらにあたへ《エ》たまへ《エ》る●御恩《ごおん》を《ノ》報《ほう》じたてまつる念佛《ねんぶッ》なりとこゝ《こ》ろう《オ》べし●これをもて《モッテ》信心《しんじん》決定《けッじょう》したる●念佛《ねんぶッ》の行者《ぎょうじゃ》とは、まうす《モオス》べきものなり●あなかしこ〱《あなかしこ》

文明第五九月下旬比書之云々

十四

抑《そもそも》○當流念佛者《とうりゅうねんぶッしゃ》のなかにをい《オ》て●諸法《しょほう》を誹謗《ひほう》すべからず●まづ《ズ》越中《えッちゅう》、加《か》賀《が》ならば○立山《たてやま》、白山《しらやま》●そのほか諸山寺《しょやまでら》なり●越前《えちぜん》ならば○平泉寺《へいせんじ》豊原寺《とよわらじ》等《とう》なり●されば経《きょう》には●すでに○唯除《ゆいじょ》五逆《ごぎゃく》誹謗《ひほう》正法《しょうぼう》とこそ●これをいましめられたり●これによりて念《ねん》佛《ぶッ》《ツ》者《しゃ》はことに諸宗《しょしゅう》を謗《ほう》ずべからざるものなり●また聖道諸宗《しょうどうしょしゅう》の學者達《がくしゃたち》も●あながちに念《ねん》佛《ぶッ》《ツ》者《しゃ》をば○謗《ほう》ずべからずとみえたり●そのいは《ワ》れは、経《きょう》釋《しゃく》ともにその文《もん》○これおほ《オ》しといへ《エ》ども●まづ《ズ》八《はッ》《ツ》宗《しゅう》の祖《そ》師《し》●龍樹《りゅうじゅ》菩《ぼ》薩《さッ》《ノ》の智論《ちろん》に○ふかくこれをいましめられたり●その文《もん》にいは《ワ》く●自法愛染故毀呰他人法《じほうあいぜんこきしたにんぼう》●雖持戒行人《すいじかいぎょうにん》、不免地《ふめんじ》獄《ごッ》《ツ》苦《く》といへ《エ》り●かくのごとくの論判《ろんぱん》分《ふん》《ス》明《みょう》なるときは●いづ《ズ》れも佛《ぶッ》《ツ》説《せッ》《ノ》なり●あやまりて《ッ》謗《ほう》ずることなかれ●それみな、一《いッ》《ツ》宗《しゅう》々《いッ》《ツ》々《しゅう》のことなれば●わがたのまぬばかりにてこそ、あるべけれ●ことさら当流《とうりゅう》のなかにを《オ》いて●なにの分別《ふんべッ》《スノ》もなきもの●他宗《たしゅう》をそしること、勿躰《もッたい》《ツ》なき次第《しだい》なり●あひ《イ》かまへ《エ》て〳〵《あいかまえて》●一所《いッしょ》《ツ》の坊主分《ぼうずぶん》たるひとは●この成敗《せいばい》をかたくいたすべきものなり●あなかしこ〳〵《あなかしこ》

文明五年九月下旬

十五

問《とッ》《ツ》ていは《ワ》く●当流《とうりゅう》を、みな世間《せけん》に流布《るふ》して●一向宗《いッこうしゅう》《ツ》となづけ候《ソオロオ》は●いかやう《ヨオ》なる子細《しさい》にて候《ソオロオ》やらん●不審《ふしん》におぼえ候《ソオロオ》●

答《こたえ》ていは《ワ》く●あながちに我流《わがりゅう》を、一《いッ》《ツ》向宗《こうしゅう》となのることは●別《ベッ》《ツ》して○祖師《そし》もさだめられず●おほよそ《オヨソ》阿弥陀佛《あみだぶッ》《ツ》を《ト》一《いッ》《ツ》向《こう》にたのむにより《ッ》て●みな人《ひと》のまうし《モオシ》なすゆへ《エ》なり●しかりといへ《エ》ども経文《きょうもん》に●一《いッ》《ツ》向専念无量壽佛《こうせんねんむりょうじゅぶッ》《ツ》とときたまふ《タモオ》ゆへ《エ》に●一《いッ》《ツ》向《こう》に无量壽佛《むりょうじゅぶッ》《ツ》を《ト》念《ねん》ぜよといへ《エ》るこゝ《こ》ろなるときは●一《いッ》《ツ》向宗《こうしゅう》とまうし《モオシ》たるも子細《しさい》なし●さりながら○開《かい》山《さん》は《ナ》この宗《しゅう》をば、浄土真宗《じょうどしんしゅう》とこそ○さだめたまへ《エ》り●されば一《いッ》《ツ》向宗《こうしゅう》といふ《ウ》名言《みょうごん》は《ナ》●さらに本宗《ほんじゅう》よりまうさぬ《モオサヌ》なりとするべし●されば、自餘《じよ》の浄土宗《じょうどしゅう》は○もろ〳〵《もろ》の雑行《ぞうぎょう》をゆるす●わが○聖人《しょうにん》は《ナ》雑行《ぞうぎょう》をえらびたまふ《タモオ》●このゆへ《エ》に真實《しんじッ》《ノ》報土《ほうど》の往生《おうじょう》をとぐるなり●このいは《ワ》れあるがゆへ《エ》に●別《べッ》《ツ》して○真《しん》の字《じ》をいれたまふ《タモオ》なり●

又《また》のたまはく《ワ》●當宗《とうしゅう》をすでに浄土《じょうど》真宗《しんしゅう》となづけられ候《ソオロオ》ことは●分明《ふんみょう》《ス》にきこえぬ●しかるにこの宗躰《しゅうてい》にて●在家《ざいけ》のつみふかき○悪逆《あくぎゃく》の機《き》なりといふ《ウ》とも●弥陀《みだ》の願力《がんりき》にすがり《ッ》て●たやすく極樂《ごくらく》に往生《おうじょう》すべきやう《ヨオ》、くは《ワ》しくうけたまは《ワ》りはんべらんとおもふ《オ》なり●

答《こたえ》ていは《ワ》く●當流《とうりゅう》のを《オ》もむきは●信心《しんじん》《ノ》決定《けッじょう》しぬれば●か

ならず真《しん》實《じッ》報《ほう》土《ど》の往《おう》生《じょう》をとぐべきなり●さればその信《しん》心《じん》といふ《ウ》は○いかやう《ヨオ》なることぞといへ《エ》ば●なにのわづ《ズ》らひ《イ》もなく●弥《み》陀《だ》如《にょ》来《らい》を一《いッ》心《しん》にたのみたてまつ《ッ》りて●その餘《よ》の佛《ぶッ》菩《ぼ》薩《さッ》等《とう》にも、こゝ《こ》ろをかけずして●一《いッ》向《こう》にふたごゝ《こ》ろなく○弥《み》陀《だ》を信《しん》ずるばかりなり●これをもて《モッテ》信《しん》心《じん》決《けッ》定《じょう》とは申《モオス》ものなり●信《しん》心《じん》といへ《エ》る二《に》字《じ》をばまことのこゝ《こ》ろとよめるなり●まことのこゝ《こ》ろといふ《ウ》は●行《ぎょう》者《じゃ》のわろき自《じ》力《りき》のこゝ《こ》ろにてはたすからず●如《にょ》来《らい》の他《た》力《りき》のよきこゝ《こ》ろにてたすかるがゆへ《エ》に●まことのこゝ《こ》ろとはまうす《モオス》なり●又名號《またみょうごう》をもて《モッテ》なにのこゝ《こ》ろえもなくして●たゞ《だ》となへ《エ》てはたすからざるなり●されば経《きょう》には●聞其名號《もんごみょうごう》、信心歓喜《しんじんかんぎ》ととけり●その名號《みょうごう》をきくといへ《エ》るは●南无阿《なむあ》弥陀佛《みだぶッ》の六字《ろくじ》の名號《みょうごう》を●无名无實《むみょうむじッ》にきくにあらず●善知《ぜんち》識《しき》にあひ《イ》て、そのを《オ》しへ《エ》をうけて●この南无阿弥陀佛《なむあみだぶッ》の名號《みょうごう》を○南无《なむ》とたのめば●かならず阿弥陀佛《あみだぶッ》のたすけた《タ》まふ《モオ》といふ《ウ》道理《どうり》なり●これを経《きょう》に、信心歓喜《しんじんかんぎ》ととかれたり●これにより《ッ》て○南无阿弥陀佛《なむあみだぶッ》の躰《たい》は●われらをたすけたまへ《エ》るすがたぞとこゝ《こ》ろう《オ》べきなり●かやう《カヨオ》にこゝ《こ》ろえてのちは●行住坐臥《ぎょうじゅうざが》に口《くち》にとなふる《トノオル》稱名《しょうみょう》をば●たゞ《だ》弥陀如来《みだにょらい》のたすけまします○御恩《ごおんノ》を報《ほう》じたてまつる念佛《ねんぶツ》ぞとこゝろう《コオ》べし●これをもて《モッテ》信心決定《しんじんけツじょう》して極樂《ごくらく》に往生《おうじょう》する●他力《たりき》の念佛《ねんぶツ》の行者《ぎょうじゃ》とは○まうす《モオス》べきものなり●あなかしこ〱《あなかしこ》

文明第五九月下旬第二日至于巳尅

加州山中湯治之内書集之訖

# ■二帖目

一　抑《そもそも》○今度《こんど》一七ケ日《いッしちかにち》●報恩講《ほうおんこう》のあひ《イ》だにを《オ》いて●多屋内方《たやないほう》もそのほかの人《ひと》も●大略信心《たいりゃくしんじん》を決定《けッじょう》し給《たま》へ《エ》るよしきこえたり●めでたく本望《ほんもう》、これにすぐべからず●さりながら○そのまゝ《ま》うちすて候《ソオラ》へ《エ》ば●信心《しんじん》もうせ候《ソオロオ》べし●細々《さいさい》に信心《しんじん》のみぞをさらへ《エ》て●弥陀《みだ》の法水《ほッしい》をながせといへ《エ》る事《こと》ありげに候《ソオロオ》●それについて女人《にょにん》の身《み》は●十方三世《じッぽうさんぜ》の諸佛《しょぶッ》にもすてられたる身《み》にて候《ソオロオ》を●阿弥陀如来《あみだにょらい》なればこそ●

かたじけなくも、たすけましく《まし》候《ソオラ》へ《エ》●そのゆへ《エ》は●女《にょ》人《にん》の身《み》は、いかに真實心《しんじッしん》になりたりといふ《ウ》とも●うたがひ《イ》の心《こころ》はふかくして●又物《またもの》なんどのいまは《ワ》しくおもふ《オ》心《こころ》は●さらにうせがたくおぼえ候《ソオロオ》●ことに在家《ざいけ》の身《み》は●世《せい》路《ろ》につけ●又《また》、子孫《しそん》なんどの事《こと》によそへ《エ》ても●たゞ《だ》今生《こんじょう》にのみふけり《ツ》て●これほどに、はや、めにみえて●あだなる人間界《にんげんがい》の老少不定《ろうしょうふじょう》のさかひ《イ》としりながら●たゞ《だ》いま三途八難《さんずはッなん》にしづ《ズ》まん事《こと》をば●つゆちりほども心《こころ》にかけずして●いたづ《ズ》らにあかしくらすは○これつねの人《ひと》のならひ《イ》なり●あさましといふ《ウ》もを《オ》ろかなり●これによりて《ッ》●一心一向《いッしんいッこう》に弥陀《みだ》一佛《いちぶッ》の悲願《ひがん》に帰《き》して●ふかくたのみたてまつり《ッ》て●もろ〱《もろ》の雑行《ぞうぎょう》を修《しゅ》する心《こころ》をすて●又《また》、諸神《しょじん》諸佛《しょぶッ》に追従《ついしょう》まうす《モオス》心《こころ》をも○みなうちすてゝ《て》●さて弥陀如《みだにょ》来《らい》と申《モオス》は●かゝ《か》る我《われ》らごときの○あさましき女人《にょにん》のために、を《オ》こし給《たま》へ《エ》る本願《ほんがん》なれば●まことに佛《ぶッ》智《ち》の不思議《ふしぎ》と信《しん》じて●我身《わがみ》はわろきいたづ《ズ》らものなりと○おもひ《イ》つめて●ふかく如来《にょらい》に帰入《きにゅう》する心《こころ》をもつべし●さてこの信《しん》ずる心《こころ》も念《ねん》ずる心《こころ》も●弥陀如来《みだにょらい》の御方便《ごほうべん》より○を《オ》こさしむるものなりとおもふ《オ》べし●かやう《カヨオ》にこゝ《こ》ろう《オ》るを●すなは《ワ》ち、他力《たりき》の信心《しんじんノ》をえたる人《ひと》とはいふ《ウ》なり●又《また》このくらいをあるひ《イ》は正定聚《しょうじょうじゅ》に住《じゅう》すとも●滅《ノ》度《めッど》にいたるとも●等正覺《とうしょうがく》にいたるとも●弥勒《みろく》にひとしとも申《モオス》なり●又《また》、これを一念發起《いちねんほッき》《ツ》の、往生《おうじょう》さだまりたる人《ひと》とも申《モオ》すなり●かくのごとく心《こころ》えてのうへ《エ》の稱名念佛《しょうみょうねんぶッタ》《ツ》は●弥陀如来《みだにょらい》の我《われ》らが往生《おうじょう》をやすくさだめ給《たま》へ《エ》る●その御《おん》うれしさの御恩《ごおんノ》を

○報《ほう》じたてまつる念佛《ねんぶッ》《ノ》なりと●こゝ《こ》ろう《オ》べきものなり●

あなかしこ〱《あなかしこ》

これについて　まづ當流のおきてをよく〳〵まもらせ給ふべし　そのいはれは　あひかまへて　いまのごとく信心のとをりを心え給はゞ　心中にふかくおさめをきて　他宗他人に對して　そのふるまひをみせずして　又信心のやうをもかたるべからず　一切の諸神なんどをもわが信ぜぬまでなり　をろかにすべからず　かくのごとく信心のかたも　そのふるまひもよき人をば　聖人もよく心えたる信心の行者なりとおほせられたり　たゞふかくこゝろをば　佛法

にとゞむべきなり　あなかしこく

文明第五　十二月八日これをかきて　當山の多屋内方へまいらせ候　このほかなをく不審の事候はゞ　かさねて　とはせたまふべく候

所送寒暑

五十八歳御判

のちの代の　しるしのために　かきをきし

のりのことの葉　かたみともなれ

二

抑《そもそも》○開山聖人《かいさんしょうにん》の御《ご》一流《いちりゅう》には●それ信心《しんじん》といふ《ウ》ことをもて《モッテ》先《さき》とせられたり●その信心《しんじん》といふ《ウ》は○なにの用《よう》ぞといふ《ウ》に●无善造悪《むぜんぞうあく》の我等《われら》が様《よう》なる○あさましき凡夫《ぼんぶ》が●たやすく弥陀《みだ》の浄土《じょうど》へ○まいりなんずるための出立《でたち》なり●この信心《しんじんノ》を獲得《ぎゃくとく》せず《ス》は●極樂《ごくらく》には往生《おうじょう》せずして○无間地獄《むけんじごく》に堕在《だざい》すべきものなり●これにより《ッ》て●その信心《しんじんノ》をとらんずるやう《ヨオ》は○いかんといふ《ウ》に●それ弥陀如来一佛《みだにょらいいちぶッ》を《ト》ふかくたのみたてまつり《ッ》て●自餘《じよ》の諸善萬行《しょぜんまんぎょう》にこゝ《こ》ろをかけず●又《また》、諸神諸菩薩《しょじんしょぼさッ》《ノ》にをいて《お》●今生《こんじょう》のいのりをのみ、なせるこゝ《こ》ろをうしなひ《イ》●又《また》、わろき自力《じりき》なんどいふ《ウ》○ひがおもひ《イ》をもなげすてゝ《て》●弥陀《みだ》を一心《いッしん》一向《いッこう》に信樂《しんぎょう》して●二《ふた》ごゝ《こ》ろのなき人《ひと》を●弥陀《みだ》はかならず遍照《へんじょう》の光明《こうみょう》をもて《モッテ》●その人《ひと》を攝取《せッしゅ》して、すてたまは《ワ》ざるものなり●か《カ》やう《ヨオ》に信《しん》を《ノ》とるうへ《エ》には●ねてもおきてもつねにまうす《モオス》念佛《ねんぶッ》は《タ》●かの弥陀《みだ》のわれらをたすけたまふ《タモオ》○御恩《ごおん》を《ノ》報《ほう》じたてまつる○念佛《ねんぶッ》なりとこゝ《こ》ろう《オ》べし●かやう《カヨオ》にこゝ《こ》ろえたる人《ひと》をこそ●まことに當流《とうりゅう》の信心《しんじん》を《ノ》よくとりたる○正義《しょうぎ》とはいふ《ウ》べきものなり●このほかに、なを《オ》、信心《しんじん》と

いふ《ウ》ことのありといふ《ウ》人《ひと》これあらば●おほ《オ》きなるあやまりなり●すべて承引《しょういん》すべからざるものなり●あなかしこ〱《あなかしこ》

いまこの文にしるすところのをもむきは　當流の親鸞聖人すゝめたまへる信心の正義なり　この分をよく〱こゝろえたらん人々は　あひかまへて　他宗他人に對して　この信心のやうを沙汰すべからず　又自餘の一切の佛菩薩ならびに諸神等をも　わが信ぜぬばかりなり　あながちにこれをかろしむべからず　これま

ことに弥陀一佛の功徳のうちに　みな一切の諸神はこもれりとおもふべきものなり　惣じて一切の諸法にをいて　そしりをなすべからず　これをもて當流のおきてをよくまもれる人となづくべし　されば聖人のいはく　たとひ牛ぬす人とはいはるるとも　もしは後世者もしは善人もしは佛法者とみゆるやうにふるまふべからずとこそおほせられたり　このむねをよく〳〵こゝろえて　念佛をばすべきものなり

文明第五十二月十二日夜書之

三

夫《それ》○當流開山聖人《とうりゅうかいさんしょうにん》の○ひろめたまふ《タモオ》ところの●一流《いちりゅう》のなかにを《オ》いて●みな勧化《かんけ》をいたすに、その不同《ふどう》これあるあひ《イ》だ●所詮向後《しょせんきょうこう》《ス》は●當山多屋坊主已下《とうざんたやぼうずいげ》○そのほか一巻《いちかん》の聖教《しょうぎょう》を、よまん人《ひと》も●又《また》、来集《らいじゅう》の面々《めんめん》も●各々《かっかく》《ツ》に當門下《とうもんか》に○その名《な》をかけんともがらまでも●この三ケ條《さんがじょう》の篇目《へんもく》をもて《モッテ》●これを存知《ぞんじ》せしめて●自今已後《じこんいご》●その成敗《せいばい》をいたすべきものなり●

一《ひとツ》《ツ》○諸法諸宗《しょほうしょしゅう》ともに○これを誹謗《ひほう》《ス》すべからず●

一《ひとツ》《ツ》○諸神諸佛《しょじんしょぶッ》《ノ》菩薩《ぼさット》《ツ》をかろしむべからず●

一《ひとッ》○信心《しんじんノ》をとらしめて○報土往生《ほうどおうじょう》をとぐべき事《こと》●

右《みぎ》○斯三ケ條《このさんがじょう》の旨《むね》をまもり《ッ》て●ふかく心底《しんてい》にたくは《ワ》へ《エ》て●これをもて《モッテ》本《ほん》とせざらん人々《ひとびと》にを《オ》いては●この當山《とうざん》へ出入《しゅつにゅう》を停止《ちょうじ》すべきものなり●そも〱《そも》○さんぬる文明第《ぶんめいだい》三《さん》の暦《れき》●仲夏《ちゅうか》の比《ころ》より○花洛《からく》をいでゝ《て》●おなじき年《とし》○七《しち》月下旬《がッげじゅん》の候《こう》●すでに、○この當山《とうざん》の風波《ふうは》あらき在所《ざいしょ》に○草《そう》菴《あんノ》をしめて●此四ケ年《このしかねん》のあひ《イ》だ○居住《きょじゅう》せしむる根元《こんげん》は《ナ》●別《べッ》の子細《しさい》にあらず●この三ケ條《さんがじょう》のすがたをもて《モッテ》●かの北《ほッ》國中《こくじゅう》にを《オ》いて●當流《とうりゅう》の信心未決定《しんじんみけッじょう》のひとを●おなじく一《いち》味《み》の安心《あんじん》に○なさんがためのゆへ《エ》に●今日今時《こんにちこんじ》まで堪忍《かんにん》せしむるところなり●よて《ヨッテ》このをもむきを《オ》もて《モッテ》これを信用《しんにょう》せば●まことにこの年月《としつき》の在國《ざいこく》の○本意《ほんに》たるべきものなり●

一ツ《ひとッ》○神明《しんめい》と申《モオス》は●それ佛ツ法《ぶッぽう》にをい《オ》て○信《しん》もなき衆生《しゅじょう》の●むなしく地獄《じごく》におちんことを○かなしみおぼしめして●これをなにとしても、すくはん《ワ》がために●かりに神《かみ》とあらはれ《ワ》て●いさゝ《さ》かなる縁《えんノ》をもて《モッテ》●それをたよりとして●ついに佛ツ法《ぶッぽう》にすゝ《す》めいれしめんための方便《ほうべん》に○神《かみ》とはあらは《ワ》れたまふ《タモオ》なり●しかれば●いまのときの衆生《しゅじょう》にを《オ》ひ《イ》て○弥陀《みだ》をたのみ●信心決定《しんじんけつじょう》して念佛《ねんぶツト》をまうし《モオシ》極樂《ごくらく》に往生《おうじょう》すべき身《み》となりなば●一切《いッさい》の神明《しんめい》は○かへ《エ》りて《ッ》わが本懐《ほんがい》とおぼしめして●よろこびたまひ《イ》て○念佛《ねんぶッ》の行者《ぎょうじゃ》を守護《しゅご》したまふ《タモオ》べきあひ《イ》だ●とりわき、神《かみ》をあがめねども●たゞ《だ》弥陀《みだ》一佛《いちぶット》をたのむうちに○みなこもれるがゆへ《エ》に●別《べッ》してたのまざれども●信《しん》ずるいは《ワ》れのあるがゆへ《エ》なり●

一《ひとッ》○當流《とうりゅう》のなかにを《オ》いて●諸法諸宗《しょほうしょしゅう》を誹謗《ひほう》すること、しかるべからず●いづ《ズ》れも釋迦一代《しゃかいちだい》の説教《せッきょう》なれば●如説《にょせッ》に修行《しゅぎょう》せばその益《やく》あるべし●さりながら○末代《まッだい》われらごときの在家止住《ざいけしじゅう》の身《み》は●聖道諸宗《しょうどうしょしゅう》の教《きょう》にを《オ》よばねば○それをわがたのまず信《しん》ぜぬばかりなり●

一《ひとツ》○諸佛菩薩《しょぶッぼさッ》と申《モオス》ことは●それ弥陀如来《みだにょらい》の分身《ふんじん》なれば十方《じッぽう》諸佛《しょぶッ》のためには●本師本佛《ほんしほんぶッ》なるがゆへ《エ》に●阿弥陀一佛《あみだいちぶッ》に歸《き》したてまつれば●すなは《ワ》ち諸佛菩薩《しょぶッぼさッ》に歸《き》するいは《ワ》れあるがゆへ《エ》に●阿弥陀一躰《あみだいッたい》のうちに●諸佛菩薩《しょぶッぼさッタ》はみなこと〲《ごと》くこもれるなり●

一《ひとッ》《ツ》○開山親鸞聖人《かいさんしんらんしょうにん》の、す、《す》めましますところの●弥陀如《みだにょ》来《らい》の他力真《たりきしん》實《じッ》《ツ》信心《しんじん》といふ《ウ》は●もろもろの雑行《ぞうぎょう》をすて、《て》、専修専念《せんじゅせんねん》一《いッ》《ツ》向《こう》一《いッ》《ツ》心《しん》に○弥陀《みだ》に帰命《きみょう》するをもて《モッテ》●本願《ほんがん》を《ノ》信《しん》樂《ぎょう》する躰《たい》とす●されば○先達《せんだつ》よりうけたまはり《ワ》つたへ《エ》しがごとく●弥陀如来《みだにょらい》の真《しん》實《じッ》《ツ》信心《しんじん》をば《ノ》●いくたびも他力《たりき》よりさづ《ズ》けらる、《る》ところの●佛《ぶッ》《ツ》智《ち》の不思議《ふしぎ》なりとこ、《こ》ろえて●一念《いちねん》を《ノ》もて《モッテ》は○往生治定《おうじょうじじょう》の時刻《じこく》とさだめて●そのときの命《いのち》のぶれば○自然《じねん》と多念《たねん》にを《オ》よぶ道理《どうり》なり●これによりて《ツ》平生《へいぜい》のとき●一念往生治定《いちねんおうじょうじじょう》のうへ《エ》の●佛《ぶッ》《ツ》恩《とん》報盡《ほうじん》の多念《たねん》の稱名《しょうみょう》と、ならう《ナロオ》ところなり●しかれば○祖《そ》師《し》聖人《しょうにん》、御相傳一流《ごそうでんいちりゅう》の肝要《かんにょう》は●たゞ《だ》この信心《しんじん》ひとつにかぎれり●これをしらざるをもて《モッテ》他門《たもん》とし●これをしれるをもて《モッテ》真《しん》宗《しゅう》のしるしとす●そのほか、かならずしも●外相《げそう》にをい《オ》て○當流念佛者《とうりゅうねんぶっしゃ》《ツ》のすがたを●他人《たにん》に對《たい》してあらは《ワ》すべからず●これをもて《モッテ》真宗《しんしゅう》の信心《しんじん》《ノ》をえたる、行者《ぎょうじゃ》のふるまひ《イ》の正本《しょうほん》と●なづくべきところ○如《ごとし》レ件《くだんの》

文明六年甲午正月十一日書之

四

夫《それ》○弥陀如来《みだにょらい》の超世《ちょうせ》の本願《ほんがん》と申《モオス》は●末代濁世《まッだいじょくせ》の造悪不善《ぞうあくふぜん》の●われらごときの凡夫《ぼんぶ》のために○を《オ》こしたまへ《エ》る、无《む》上《じょう》の誓願《せいがん》なるがゆへ《エ》なり●然者《しかれば》○これを何《なに》とやう《ヨオ》に心《こころ》をも、もち●何《なに》とやう《ヨオ》に弥陀《みだ》を信《しん》じて●かの浄土《じょうど》へは往生《おうじょう》すべきやらん●更《さら》にその分別《ふんべッ》なし●くは《ワ》しくこれをを《オ》しへ《エ》たまふ《タモオ》べし●

答《こたえ》ていは《ワ》く●末代今時《まッだいいまどき》の衆生《しゅじょう》は●たゞ一《ひと》すぢ《ジ》に○弥陀如《みだにょ》来《らい》をたのみ奉《たてまつッ》て●餘《よ》の佛菩薩等《ぶッぼさッとう》をもならべて信《しん》ぜねども●一心一向《いッしんいッこう》に弥陀《みだ》一佛《いちぶッ》に歸命《きみょう》する衆生《しゅじょう》をば●いかにつみ

ふかくとも●佛《ぶッ》《ノ》の大慈大悲《だいじだいひ》をもて《モッテ》●すくはんとちかひ《イ》たまひ《イ》て●大光明《だいこうみょう》をはなち《ツ》て●その光明《こうみょう》のうちにおさめとりましますゆへ《エ》に●このこゝ《こ》ろを経《きょう》には●光明遍照《こうみょうへんじょう》十《じッ》《ツ》方《ぽう》世界《せかい》●念佛《ねんぶッ》《ツ》衆生《しゅじょう》摂《せッ》《ツ》取不捨《しゅふしゃ》とときたまへ《エ》り●されば五道六道《ごどうろくどう》といへ《エ》る、悪趣《あくしゅ》に●すでにおもむくべきみちを●弥陀如《みだにょ》来《らい》の願力《がんりき》の不思議《ふしぎ》として●これをふさぎ給《タモオ》なり●このいはれ《ワ》をまた、経《きょう》には●横截《おうせッ》《ノ》五悪趣《ごあくしゅ》○悪趣自然閉《あくしゅじねんぺい》とゝかれたり●故《かるがゆえ》に如来《にょらい》の誓願《せいがん》を《ノ》信《しん》じて●一念《いちねん》の疑心《ぎしん》なき時《とき》は●いかに地獄《じごく》へおちんとおもふ《オ》とも●弥陀如来《みだにょらい》の攝《せッ》《ツ》取《しゅ》の光《こう》明《みょう》に○おさめとられまいらせたらん身《み》はわがはからひ《イ》にて地獄《じごく》へもおちずして●極樂《ごくらく》にまいるべき身《み》なるがゆへ《エ》なり●かやう《カヨオ》の道理《どうり》なるときは●晝夜《ちゅうや》朝暮《ちょうぼ》は○如来大悲《にょらいだいひ》の御恩《ごおん》を《ノ》雨山《あめやま》にかうふり《コオムリ》たるわれらなれば●たゞ口《くち》につねに稱名《しょうみょう》をとなへ《エ》て●かの佛恩《ぶっとん》《ツ》を《ノ》報謝《ほうしゃ》のために○念佛《ねんぶッ》《ツ》を《ト》申《モオス》べきばかりなり●これすなはち《ワ》○真實信心《しんじッしんじん》《ツ》を《ノ》えたるすがたといへ《エ》るはこれなり●あなかしこ〳〵《あなかしこ》

文明六　二月十五日夜　大聖世尊入滅の昔をおもひいで、　於燈下拭老眼染筆畢

満六十御判

五

抑《そもそも》○此三四年《このそうしねん》のあひ《イ》だにを《オ》いて●當山《とうざん》の○念佛者《ねんぶっしゃ》《ツ》の風情《ふぜい》をみをよ《オ》ぶに●まことにもて《モッテ》、他力《たりき》の安心決定《あんじんけつじょう》《ノ》せしめたる分《ぶん》なし●そのゆへ《エ》は、珠數《じゅず》の一連《いちれん》《ノ》をも、もつひとなし●さるほどに佛《ほとけ》をば、手《て》づかみにこそせられたり●聖人《しょうにん》またく《マッタク》珠數《じゅず》をすて《て》、○佛《ぶッ》《ツ》を《ト》おがめとおほ《オ》せられたることなし●さりながら珠數《じゅず》をもたずとも●往生淨土《おうじょうじょうど》のためにはたゞ《だ》他力《たりき》の信心《しんじん》ひとつばかりなり●それにはさはり《ワ》あるべからず●まづ《ズ》大坊主分《だいぼうずぶん》たる人《ひと》は●袈裟《けさ》をもかけ、珠数《じゅず》をもちても子細《しさい》なし●これにより《ツ》て真實《しんじッ》《ツ》信心《しんじん》を《ノ》獲得《ぎゃくとく》したる人《ひと》は●かならず口《くち》にもいだし●又色《またいろ》にも、そのすがたはみゆるなり●しかれば當時《とうじ》はさらに、真實《しんじッ》《ツ》信心《しんじん》を《ノ》うつくしくえたる人《ひと》●いたり《ツ》てまれなりとおぼゆるなり●それはいかんぞなれば●弥陀如来《みだにょらい》の本願《ほんがん》の○我等《われら》がために相應《そうおう》したる●たふとさ《トオトサ》のほども、身《み》にはおぼえざるがゆへ《エ》に●いつも信心《しんじん》のひととを《オ》りをば○われこゝ《こ》ろえがほ《オ》のよしにて●なにごとを聴聞《ちょうもん》するにも●そのことゝ《と》、ばかりおもひ《イ》て●耳《みみ》へもしか〱《しか》ともいらず●たゞ《だ》人《ひと》まねばかりの躰《てい》たらくなりとみえたり●此分《このぶん》にては○自身《じしん》の往生極樂《おうじょうごくらく》も○いまはいかゞ《が》とあやうくおぼゆるなり●いは《ワ》んや○門徒同朋《もんとどうぼう》を勧化《かんけ》の儀《ぎ》も、中々《なかなか》これあるべからず●かくのごときの心中《しんじゅう》にては○今度《こんど》の報土往生《ほうどおうじょう》も不可《ふか》なり●あら〱《あら》勝事《しょうし》《ス》や○たゞ《だ》ふかくこゝ《こ》ろをしづ《ズ》めて思《し》案《あん》あるべし●まことにもて《モッテ》○人間は《ナ》いづ《ズ》るいきは、いるをまたぬならひ《イ》なり●あひ《イ》かまへ《エ》て由断《ゆだん》なく○佛《ツ》法《ぶっぽう》をこゝ《こ》ろにいれて●信心決《ノ》定《しんじんけッじょう》すべきものなり●あなかしこ〱《あなかしこ》

文明六　二月十六日早朝に俄に染筆畢而已

六

抑《そもそも》○當流《とうりゅう》の他力信心《たりきしんじん》のを《オ》もむきをよく聽聞《ちょうもん》して●《ノ》決定《けツじょう》せしむるひとこれあらば●その信心《しんじん》のとを《オ》りをもて《モッテ》●心底《しんてい》におさめを《オ》きて●他宗他人《たしゅうたにん》に對《たい》して沙汰《さた》すべからず●また路次《ろし》《ス》大道《だいどう》、われ〳〵《われ》の在所《ざいしょ》なんどにても●あらは《ワ》に人《ひと》をもはゞ《ば》からず●これを讃嘆《さんだん》すべからず●つぎには守護《しゅご》地頭方《じとうほう》にむきても●われは信心《しんじん》《ノ》をえたりといひ《イ》て、疎略《そりゃく》の儀《ぎ》なく●いよ〳〵《いよ》公事《くじ》をまたく《マッタク》すべし●又《また》、諸神諸佛《しょじんしょぶツ》《ノ》

菩薩《ぼさット》《ツ》をも、を《オ》ろそかにすべからず●これみな南无阿弥陀《なむあみだ》佛《ぶッ》《ノ》の六字《ろくじ》のうちに、こもれるがゆへ《エ》なり●ことにほかには○王法《おうぼう》をもて《モッテ》おもてとし●内心《ないしん》には他力《たりき》の信心《しんじん》《ノ》をふかくたくは《ワ》へ《エ》て●世間《せけん》の仁義《じんぎ》をもて《モッテ》本《ほん》とすべし●これすなは《ワ》ち當流《とうりゅう》にさだむるところの●おきてのを《オ》もむきなりと○こゝ《こ》ろう《オ》べきものなり●あなかしこ〱《あなかしこ》

文明六年二月十七日　書之

## 七

静《しずか》に、おもんみれば●それ人間界《にんげんがい》の、生《しょう》をうくることは

●まことに五戒《ごかい》をたもてる功力《くりき》により《ッ》てなり●これおほ《オ》きにまれなることぞかし●たゞ《だ》し人界《にんがい》の生《しょう》は○わづ《ズ》かに一《ツ》旦《いったん》の浮生《ふしょう》なり●後生《ごしょう》は永生《ようしょう》の樂《ツ》果《らっか》なり●たとひ《イ》また榮《えい》花《が》にほこり●榮耀《えいよう》にあまるといふ《ウ》とも●盛者必《ツ》衰會者定《じょうしゃひっすいえしゃじょう》離《り》のならひ《イ》なれば●ひさしくたもつべきにあらず●たゞ《だ》五十年《ごじゅうねん》、百年《ひゃくねん》のあひ《イ》だのことなり●それも老少不定《ろうしょうふじょう》ときくときは●まことにもて《モッテ》たのみすくなし●これにより《ッ》ていまのときの衆生《しゅじょう》は、他力《たりき》の信心《しんじん》を《ノ》えて●淨土《じょうど》の往生《おうじょう》をとげんとおもふ《オモオ》べきなり●

抑《そもそも》○その信心《しんじんノ》をとらんずるには●さらに、智慧《ちえ》もいらず、才覚《さいかく》もいらず●冨貴《ふうき》も貧窮《びんぐう》もいらず○善人《ぜんにん》も悪人《あくにん》もいらず●男子《なんし》も、女人《にょにん》もいらず●たゞもろ〱《もろ》の雑行《ぞうぎょう》をすてゝ《て》○正行《しょうぎょう》に帰《き》するをもて《モッテ》本意《ほんに》とす●その正行《しょうぎょう》に帰《き》するといふ《ウ》はなにのやう《ヨオ》もなく●弥陀如来《みだにょらい》を一心一向《いッしんいッこう》にたのみたてまつる理《ことわ》りばかりなり●かやう《カヨオ》に信《しん》ずる衆生《しゅじょう》を●あまねく光明《こうみょう》のなかに摂取《せッしゅ》してすてたまは《ワ》ずして●一期《いちご》の命《いのち》つきぬれば●かならず浄土《じょうど》にを《オ》くりたまふ《タモオ》なり●この一念《いちねん》の安心《あんじん》ひとつにて○浄土《じょうど》に往生《おうじょう》することの●あらやう《ヨオ》もいらぬ、とりやすの安心《あんじん》や●されば○安心《あんじん》といふ《ウ》二字《にじ》をば●やすきこゝ《こ》ろとよめるはこのこゝ《こ》ろなり●さらになにの造作《ぞうさ》もなく●一心《いッしん》《ツ》一向《いッこう》《ツ》に如来《にょらい》をたのみまいらする信心《しんじん》ひとつにて●極楽《ごくらく》に往生《おうじょう》すべし●あらこゝ《こ》ろえやすの安心《あんじん》や《ニャ》●又《また》あらゆきやすの浄土《じょうど》や●これにより《ツ》て大経《だいきょう》には●易往而无人《いおうにむにん》と、これをとかれたり●この文《もん》のこゝ《こ》ろは●安心《あんじん》を《ノ》とり《ツ》て弥陀《みだ》を一向《いッこう》《ツ》にたのめば●浄土《じょうど》へはまいりやすけれども●信心《しんじん》を《ノ》とるひとまれなれば●浄土《じょうど》へはゆきやすくして人《ひと》なしといへ《エ》るは○この経文《きょうもん》のこゝ《こ》ろなり●かくのごとくこゝ《こ》ろう《オ》るうへ《エ》には●晝夜朝《ちゅうやちょう》暮《ぼ》に、となふ《トノオ》るところの名號《みょうごう》は●大悲弘誓《だいひぐぜい》の御恩《ごおん》を《ノ》、報《ほう》じ奉《たてまつ》るべきばかりなり●かへ《エ》す〲《がえす》佛法《ぶッぽう》にこゝ《こ》ろをとゞ《ど》めて●とりやすき信心《しんじん》のを《オ》もむきを存知《ぞんじ》して●かならず今度《こんど》の一大事《いちだいじ》の報土《ほうど》の往生《おうじょう》を、とぐべきものなり●あなかしこ〱《あなかしこ》

文明六年三月三日　清書之

## 八

夫《それ》○十悪五逆《じゅうあくごぎゃく》の罪人《ざいにん》も●五障三従《ごしょうさんしょう》の女人《にょにん》も●むなしくみ

な、十方三世《じッぽうさんぜ》の諸佛《しょぶッ》の悲願《ひがん》にもれて●すてはてられたる我等《われら》ごときの凡夫《ぼんぶ》なり●しかればこゝ《こ》に弥陀如来《みだにょらい》と申《モオス》は●三世十方《さんぜじッぽう》の諸佛《しょぶッ》の本師本佛《ほんしほんぶッ》なれば久遠實成《くおんじッじょう》の古佛《こぶッ》として●いまのごときの諸佛《しょぶッ》にすてられたる●末代不善《まッだいふぜん》の凡夫《ぼんぶ》●五障三從《ごしょうさんしょう》の女人《にょにん》を《ノ》ば弥陀《みだ》にかぎり《ツ》て●われひとりたすけんといふ《ウ》○超世《ちょうせ》の大願《だいがん》を《ノ》を《オ》こして●われら一切衆生《いッさいしゅじょう》を平等《びょうどう》にすくは《ワ》んとちかひ《イ》たまひ《イ》て●无上《むじょう》の誓願《せいがん》を《ノ》を《オ》こして●すでに阿弥陀佛《あみだぶッ》となりまし〱《まし》けり●この如来《にょらい》をひとすぢ《ジ》にたのみたてまつらずは●末代《まッだい》の凡夫《ぼんぶ》極樂《ごくらく》に往《おう》生《じょう》するみち○ふたつもみつもあるべからざるものなり●これによ り《ツ》て○親鸞聖人《しんらんしょうにん》のすゝ《す》めましますところの●他《た》力《りき》の信心《しんじん》といふ《ウ》ことをよく存知《ぞんじ》せしめんひとは●かならず十人《じゅうにん》は《ナ》十人《じゅうにん》ながら●みなかの淨土《じょうど》に往生《おうじょう》すべし●さればこの信心《しんじん》を《ノ》とり《ツ》て●かの弥陀《みだ》の報土《ほうど》にまいらんとおもふ《オ》について●なにとやう《ヨオ》にこゝ《こ》ろをも、もちて●なにとやう《ヨオ》にその信心《しんじん》とやらんを《ノ》こゝ《こ》ろう《オ》べきや●ねむ《ン》ごろにこれをきかんとおもふ《オ》なり●

こたへ《エ》ていは《ワ》く●それ當流親鸞聖人《とうりゅうしんらんしょうにん》のを《オ》しへ《エ》たまへ《エ》ると

ころの●他力信心《たりきしんじん》のを《オ》もむきといふ《ウ》は●なにのやう《ヨオ》もなく●我身《わがみ》はあさましき罪《つみ》ふかき身《み》ぞとおもひ《イ》て●弥陀如来《みだにょらい》を一心一向《いッしんいッこう》にたのみたてまつ《ツ》りて●もろ〱《もろ》の雑行《ぞうぎょう》をすて《て》、●専修専念《せんじゅせんねん》なれば●かならず遍照《へんじょう》の光明《こうみょう》のなかに、おさめとられまいらするなり●これまことに、我等《われら》が往生《おうじょう》の決定《けツじょう》するすがたなり●このうへ《エ》になを《オ》こゝ《こ》ろう《オ》べきやう《ヨオ》は●一心一向《いッしんいッこう》に弥陀《みだ》に帰命《きみょう》する一念《いちねん》の信心《しんじん》により《ッ》て●はや往生治定《おうじょうじじょう》のうへ《エ》には●行住坐臥《ぎょうじゅうざが》に口《くち》にまう《モオ》さんところの稱名《しょうみょう》は●弥陀如来《みだにょらい》のわれらが往生《おうじょう》をやすくさだめたまへ《エ》る●大悲《だいひ》の御恩《ごおん》を《ノ》報盡《ほうじん》の念佛《ねんぶッ》なりとこゝ《こ》ろう《オ》べきなり●これすなは《ワ》ち、當流《とうりゅう》の信心《しんじん》を《ノ》決定《けッじょう》したる人《ひと》といふ《ウ》べきなり●あなかしこ〱《あなかしこ》

文明六年三月中旬

九

抑《そもそも》○阿弥陀如来《あみだにょらい》を、たのみたてまつるについて●自餘《じよ》の万善万行《まんぜんまんぎょう》をば●すでに雑行《ぞうぎょう》となづ《ズ》けてきらへ《エ》る○そのこゝ《こ》ろはいかんぞなれば●それ弥陀佛《みだぶッ》のちかひ《イ》ましますや《ヨ》うは《オ》●一心一向《いッしんいッこう》にわれをたのまん衆生《しゅじょう》をば●いかなるつみふかき機《き》なりとも●すくひ《イ》たまは《ワ》んといへ《エ》る大願《だいがん》なり●しかれば一《いッ》《ツ》心《しん》一《いッ》《ツ》向《こう》といふ《ウ》は●阿弥陀佛《あみだぶッ》《ノ》にを《オ》いて○二佛《にぶッ》《ツ》を《ト》ならべざるこゝ《こ》ろなり●このゆへ《エ》に、人間《にんげん》にを《オ》いても●まづ《ズ》主《しゅう》をばひとりならではたのまぬ道理《どうり》なり●されば外典《げでん》のことばにいは《ワ》く●忠臣《ちゅうしん》は《ナ》二《じ》君《くん》につかへ《エ》ず○貞女《ていじょ》は二夫《じふ》をならべずといへ《エ》り●阿弥陀如来《あみだにょらい》は○三世諸佛《さんぜしょぶッ》《ノ》のために●本《ほん》師《し》《ス》師《し》匠《しょう》なれば●その師匠《ししょう》の佛《ぶッ》《ツ》を《ト》たのまんには●いかでか弟子《でし》の諸佛《しょぶッ》《ノ》の○これをよろこびたまは《ワ》ざるべきや●このいは《ワ》れをもて《モッテ》よく〱《よく》こゝ《こ》ろう《オ》べし●さて南《な》无《む》阿《あ》弥《み》陀《だ》佛《ぶッ》といへ《エ》る行躰《ぎょうたい》には●一切《いッさい》の諸神諸佛菩薩《しょじんしょぶッぼさッ》も●そのほか万善万行《まんぜんまんぎょう》も○こと〴〵《ごと》くみなこもれるがゆへ《エ》に●なにの不足《ふそく》ありてか、諸行諸善《しょぎょうしょぜん》にこゝ《こ》ろをとゞ《ど》むべきや●すでに南无阿弥陀佛《なむあみだぶッ》といへ《エ》る名號《みょうごう》は●万善万行《まんぜんまんぎょう》の惣《そう》躰《たい》なれば●いよ〳〵《いよ》たのもしきなり●これによりて○その阿弥陀如来《あみだにょらい》をば●なにとたのみ○なにと信《しん》じて●かの極樂往生《ごくらくおうじょう》をとぐべきぞなれば●なにのやう《ヨオ》もなく●たゞ《だ》我身《わがみ》は極悪深重《ごくあくじんじゅう》のあさましきものなれば●地獄《じごく》ならではおもむくべきかたもなき身《み》なるを○かたじけなくも、弥《み》陀《だ》如来《にょらい》ひとり●たすけんといふ《ウ》誓願《せいがん》を《ノ》を《オ》こしたまへ《エ》りと、ふかく信《しん》じて●一念帰命《いちねんきみょう》の信心《しんじん》を《ノ》を《オ》こせば●まことに宿《しゅく》善《ぜん》の開發《かいほッ》に《ノ》もよほ《オ》されて●佛《ぶッ》《ツ》智《ち》より他力《たりき》の信心《しんじん》を《ノ》あたへ《エ》たまふ《タモオ》がゆへ《エ》に●佛《ぶッ》《ツ》心《しん》と凡心《ぼんじん》とひとつになるところをさして●信心獲得《しんじんぎゃくとく》の行者《ぎょうじゃ》とはいふ《ウ》なり●このうへ《エ》には○たゞ《だ》ねてもおきてもへだてなく念佛《ねんぶッ》《ツ》を《ト》となへ《エ》て●大悲弘誓《だいひぐぜい》の御恩《ごおん》を《ノ》○ふかく報謝《ほうしゃ》すべきばかりなりと●こゝ《こ》ろう《オ》べきものなり●あなかしこ〱《あなかしこ》

文明六歳三月十七日書之

十

夫《それ》○當流親鸞聖人《とうりゅうしんらんしょうにん》の○す、《す》めましますところの一義《いちぎ》のこ、《こ》ろといふ《ウ》は●まづ《ズ》他力《たりき》の信心《しんじん》を《ノ》もて《モッテ》肝要《かんにょう》とせられたり●この他力《たりき》の信心《しんじん》といふ《ウ》ことを、くは《ワ》しくしらず《ス》は●今《こん》度《ど》の一大事《いちだいじ》の往生極樂《おうじょうごくらく》は○まことにもて《モッテ》かなふ《カノオ》べからずと●経釋《きょうしゃく》ともに、あきらかにみえたり●さればその他力《たりき》の信心《しんじん》のすがたを存知《ぞんじ》して●真實《しんじッ》《ノ》報土《ほうど》の往生《おうじょう》をとげんと、おもふ《オ》についても●いかやう《ヨオ》にこ、《こ》ろをも、もち●またいかやう《ヨオ》に機《き》をも、もちて●かの極樂《ごくらく》の往生《おうじょう》をばとぐべきやらん○そのむねをくは《ワ》しくしりはんべらず●ねんご

ろにをし《オ》へ《エ》たまふ《タモオ》べし●それを聴聞《ちょうもん》して○いよ〳〵《いよ》堅固《けんご》の信心《しんじん》を《ノ》とらんとおもふ《オ》なり●

こたへ《エ》ていはく《ワ》●そも〳〵《そも》、當流《とうりゅう》の他力信心《たりきしんじん》のを《オ》もむきと申《モオス》は●あながちに我身《わがみ》のつみのふかきにもこゝ《こ》ろをかけず●たゞ《だ》阿弥陀《あみだ》如来《にょらい》を○《ツ》一心《ツ》一向《いッしんいッこう》にたのみたてまつり《ツ》て●かゝ《か》る十悪五逆《じゅうあくごぎゃく》の罪人《ざいにん》も●五障三従《ごしょうさんしょう》の女人《にょにん》までも●みなたすけたまへ《エ》る、不思議《ふしぎ》の誓願力《せいがんりき》ぞとふかく信《しん》じて●さらに一念《いちねん》も、本願《ほんがん》を《ノ》うたがふ《ウタゴオ》こゝ《こ》ろなければ●かたじけなくもその心《こころ》を、如来《にょらい》のよくしろしめして●すでに行者《ぎょうじゃ》のわろきこゝ《コ》ろを●如来《にょらい》のよき御《おん》こゝ《コ》ろと、おなじものになしたまふ《タモオ》なり●このいは《ワ》れをもて《モッテ》佛心《ぶっしん》と凡心《ぼんじん》と一躰《いったい》になるといへ《エ》るは、このこゝ《コ》ろなり●これにより《ツ》て弥陀如来《みだにょらい》の●遍照《へんじょう》の光明《こうみょう》のなかに、おさめとられまいらせて●一期《いちご》のあひ《イ》だはこの光明《こうみょう》のうちに、すむ身《み》なりとおもふ《オ》べし●さて命《いのち》もつきぬれば●すみやかに真實《しんじつ》の報《ほう》土《ど》へを《オ》くりたまふ《タモオ》なり●しかれば○このありがたさ、た《ト》ふとさ《オトサ》の○弥陀大悲《みだだいひ》の御恩《ごおん》をばいかゞ《が》して報《ほう》ずべきぞなれば晝夜朝暮《ちゅうやちょうぼ》には●たゞ《だ》稱名念佛《しょうみょうねんぶッ》ばかりをとなへ《エ》て○かの弥陀如来《みだにょらい》の御恩《ごおん》を《ノ》、報《ほう》じたてまつるべきものなり●このこゝ《こ》ろすなは《ワ》ち、當流《とうりゅう》にたつるところの●一念《いちねん》發《ほッ》《ツ》起《き》平《へい》生《ぜい》業成《ごうじょう》といへ《エ》る儀《ぎ》、これなりとこゝ《こ》ろう《オ》べし●されば、かやう《カヨオ》に弥陀《みだ》を一《ツ》心《いッしん》にたのみたてまつるも●なにの功勞《くろう》もいらず●また信心《しんじん》を《ノ》とるといふ《ウ》もやすければ●佛《ぶッ》《ノ》になり極樂《ごくらく》に往生《おうじょう》することも、なを《オ》やすし●あらたふと《トオト》の弥《み》陀《だ》の本願《ほんがん》や《ニャ》●あらたふと《トオト》の他力《たりき》の信心《しんじん》や○さらに往生《おうじょう》にを《オ》いて、そのうたがひ《イ》なし●しかるにこのうへ《エ》にを《オ》いて●なを《オ》身《み》のふるまひ《イ》について●このむねをよくこゝ《こ》ろう《オ》

べきみちあり●
夫《それ》○一切《いッさい》の神《かみ》も、佛《ほとけ》と申《モオス》も●いまこのうるところの他力《たりき》の信心《しんじん》ひとつを、とらしめんがための方便《ほうべん》に●もろ〱《もろ》の神《かみ》○もろ〱《もろ》のほとけと、あらは《ワ》れたまふ《タモオ》いは《ワ》れなればなり●しかれば○一切《いッさい》の佛菩薩《ぶッぼさッ》も●もとより弥陀如来《みだにょらい》の分身《ふんじん》なれば●みなこと〲《ごと》く、一念南无阿弥陀佛《いちねんなむあみだぶッ》と○歸命《きみょう》したてまつるうちに、みなこもれるがゆへ《エ》に●を《オ》ろかにおもふ《オ》べからざるものなり●又《また》このほかになを《オ》こゝ《こ》ろう《オ》べきむねあり●それ國《くに》にあらば守護方《しゅごほう》●ところにあらば地頭方《じとうほう》にを《オ》いて●われは佛法《ぶっぽう》をあがめ、信心《しんじん》をえたる身《み》なりといひ《イ》て●疎略《そりゃく》の儀《ぎ》ゆめ〳〵《ゆめ》あるべからず●いよ〳〵《いよ》公事《くじ》をもぱら《モッパラ》にすべきものなり●かくのごとくこゝ《こ》ろえたる人《ひと》をさして●信心發得《しんじんほっとく》して後生《ごしょう》をねがふ《ネゴオ》●念《ねん》佛行者《ぶつぎょうじゃ》のふるまひ《イ》の本《ほん》とぞいふ《ウ》べし●これすなは《ワ》ち、佛《ぶっ》法王法《ぽうおうぼう》をむねとまもれる人《ひと》と、なづくべきものなり●あなかしこ〳〵《あなかしこ》

文明六年五月十三日　書之

十二

夫《それ》○当流親鸞聖人《とうりゅうしんらんしょうにん》の勧化《かんけ》のをもむき《オ》●近年諸國《きんねんしょこく》にをいて《オ》、種々不同《しゅじゅふどう》なり●これおほき《オ》にあさましき次第《しだい》なり●そのゆへ《エ》は●まづ《ズ》当流《とうりゅう》には、他力《たりき》の信心《しんじん》を《ノ》もて《モッテ》○凡夫《ぼんぶ》の往生《おうじょう》をさきとせられたるところに●その信心《しんじん》のかたをばをし《オ》のけて沙汰《さた》せずして●そのすゝ《す》むることばにいはく《ワ》●十《じッ》《ツ》劫正覚《こうしょうがく》のはじめより○我等《われら》が往生《おうじょう》を○弥陀如来《みだにょらい》のさだめまし〱《まし》たまへ《エ》ることを、わすれぬが●すなはち《ワ》信心《しんじん》のすがたなりといへ《エ》り●これさらに弥陀《みだ》に帰命《きみょう》して●他力《たりき》の信心《しんじん》を《ノ》えたる分《ぶん》は《ナ》なし●さればいかに十《じッ》《ツ》劫正覚《こうしょうがく》のはじめより●われらが往生《おうじょう》をさだめたまへ《エ》ることを、しり《ッ》たりといふ《ウ》とも●われらが往生《おうじょう》すべき○他力《たりき》の信心《しんじん》のいは《ワ》れをよくしらずは《ス》○極樂《ごくらく》には往生《おうじょう》すべからざるなり●又《また》あるひとのことばにいはく《ワ》●たとひ《イ》弥陀《みだ》に帰命《きみょう》すといふ《ウ》とも○善知識《ぜんぢしき》なくばいたづ《ズ》らごとなり●このゆへ《エ》にわれらにを《オ》いては○善知識《ぜんぢしき》ばかりをたのむべしと○云々《うんぬん》●これもうつくしく、當流《とうりゅう》の信心《しんじん》を《ノ》えざる人《ひと》なりときこえたり●そも〳〵《そも》善知識《ぜんぢしき》の能《のう》といふ《ウ》は●一《いッ》《ツ》心《しん》一《いッ》《ツ》向《こう》に弥陀《みだ》に帰《き》命《みょう》したてまつるべしと○ひとをすゝ《す》むべきばかりなり●

これにより《ッ》て五重《ごじゅう》の義《ぎ》をたてたり●一《ひとつ》には宿善《しゅくぜん》●二《ふたッ》には善知識《ぜんぢしき》●三《みッ》には光明《こうみょう》●四《よつ》には信心《しんじん》●五《いつつ》には名號《みょうごう》●この五《ご》重《じゅう》の義《ぎ》成就《じょうじゅ》せずは往生《おうじょう》はかなふ《カノオ》べからずとみえたり●されば善知識《ぜんぢしき》といふ《ウ》は●阿弥陀佛《あみだぶッ》に歸命《きみょう》せよといへ《エ》る、つかひ《イ》なり●宿善開發《しゅくぜんかいほッ》して、善知識《ぜんぢしき》にあは《ワ》ずは○往生《おうじょう》はかなふ《カノオ》べからざるなり●しかれども、歸《き》するところの弥陀《みだ》をすてゝ《て》●たゞ《だ》善知識《ぜんぢしき》ばかりを本《ほん》とすべきこと●おほ《オ》きなるあやまりなりと○こゝ《こ》ろう《オ》べきものなり●あなかしこ〱《あなかしこ》

# 文明六年五月廿日

十三

夫《それ》○人間《にんげん》の五十年《ごじゅうねん》を《ノ》かんがへ《エ》みるに●四王天《しおうでん》といへ《エ》る天《てん》の一日一夜《いちにちいちや》にあひ《イ》あたれり●またこの四王天《しおうでん》の五十年《ごじゅうねん》を《ノ》もて《モッテ》●等活《とうかッ》《ノ》地獄《じごく》の一日一夜《いちにちいちや》とするなり●これによりて《ヨッテ》みなひとの地獄《じごく》におちて●苦《く》をうけんことをば○なにともおもは《ワ》ず●また浄土《じょうど》へまいりて○无上《むじょう》の樂《らく》をうけんことをも分別《ふんベッ》《スツ》せずして●いたづ《ズ》らにあかし○むなしく月日《つきひ》ををくりて《オ》●さらにわが身《み》の一《ツ》心《いッしん》を《ノ》も○《ノ》決定《けツじょう》する分《ぶん》もしか

〱《しか》ともなく●また、一巻《いちかん》の聖教《しょうぎょう》をまなこにあてゝ《て》みることもなく●一句《いッく》の法門《ほうもん》を《ノ》いひ《イ》て門徒《もんと》を勧化《かんけ》する義《ぎ》もなし●たゞ《だ》朝夕《ちょうせき》はひまをねらひ《イ》て●まくらをともとしてねふ《ム》りふせらんこと●まことにもて《モッテ》あさましき次第《しだい》にあらずや●しづ《ズ》かに思案《しあん》を《ノ》めぐらすべきものなり●このゆへ《エ》に今日今時《こんにちこんじ》よりして●不法懈怠《ふほうけだい》にあらんひと〲《びと》は●いよ〱《いよ》信心《しんじん》を《ノ》決定《けッじょう》して●真實報土《しんじッほうど》の往生《おうじょう》をとげんとおもは《ワ》んひとこそ●まことにその身《み》の徳《とく》ともなるべし●これまた○自行化他《じぎょうけた》の道理《どうり》にかなへ《エ》りと●おもふ《オ》べきものな

り●あなかしこ〱《あなかしこ》

于時文明第六　六月中の二日あまりの炎天のあつさに　これを筆にまかせて　かきしるしをはりぬ

十三

夫《それ》○當流《とうりゅう》にさだむるところの、おきてをよくまもるといふ《ウ》は●他宗《たしゅう》にも世間《せけん》にも對《たい》しては●わが一宗《いッしゅう》のすがたを●あらは《ワ》に人《ひと》の目《め》にみえぬやう《ヨオ》にふるまへ《エ》るをもて《モッテ》○本《ほん》意《に》とするなり●しかるに○ちかごろは當流念佛者《とうりゅうねんぶッしゃ》のなかにを《オ》いて●わざと人目《ひとめ》にみえて●一流《いちりゅう》のすがたをあらは《ワ》して●これをもて《モッテ》我宗《わがしゅう》の名望《めいぼう》のやう《ヨオ》におもひ《イ》て●ことに他宗《たしゅう》をこなしおとしめんとおもへ《エ》り●これ言語道断《ごんごどうだん》の次《し》第《だい》なり●さらに○聖人《しょうにん》のさだめまし〱《まし》たる御意《ぎょい》に、ふかくあひ《イ》そむけり●そのゆへ《エ》は○すでに牛《うし》をぬすみたる人《ひと》とはいは《ワ》るとも●當流《とうりゅう》のすがたをみゆべからずとこそ、おほ《オ》せられたり●この御《おん》ことばをもて《モッテ》よく〱《よく》こゝ《こ》ろう《オ》べし●つぎに當流《とうりゅう》の安心《あんじん》のを《オ》もむきを○くは《ワ》しくしらんとおもは《ワ》んひとは●あながちに、智慧《ちえ》、才覺《さいかく》もいらず●

男女貴賤《なんにょきせん》もいらず●たゞ《だ》我身《わがみ》はつみふかき○あさましきものなりとおもひ《イ》とり《ッ》て●かゝ《か》る機《き》までもたすけたまへ《エ》るほとけは●阿弥陀如来《あみだにょらい》ばかりなりとしり《ッ》て●なにのや《ヨ》う《オ》もなく○ひとすぢ《ジ》にこの阿弥陀《あみだ》ほとけの●御袖《おんそで》にひしとすがりまいらするおもひ《イ》をなして●後生《ごしょう》をたすけたまへ《エ》とたのみまう《モオ》せば●この阿弥陀如来《あみだにょらい》はふかくよろこびまし〳〵《まし》て●その御身《おんみ》より八万四千《はちまんしせん》のおほ《オ》きなる光明《こうみょう》をはなち《ツ》て●その光明《こうみょう》のなかに、そのひとをおさめいれて、を《オ》きたまふ《タモオ》べし●さればこのこゝ《こ》ろを経《きょう》には●まさに○

光明《こうみょう》遍照《へんじょう》十方《じッぽう》《ツ》世界《せかい》●念佛《ねんぶッ》《ツ》衆生《しゅじょう》攝取《せッしゅ》《ツ》不捨《ふしゃ》とは○とかれたりとこゝ《こ》ろう《オ》べし●さては我身《わがみ》のほとけにならんずることは○なにのわづ《ズ》らひ《イ》もなし●あら殊勝《しゅしょう》の超世《ちょうせ》の本願《ほんがん》や《ニャ》●ありがたの弥陀《みだ》如来《にょらい》の光明《こうみょう》や●この光明《こうみょう》の縁《えん》にあひ《イ》たてまつらず《ス》は●无始《むし》よりこのかたの○无明業障《むみょうごッしょう》《ツ》の●おそろしき病《やまい》のなほ《オ》るといふ《ウ》ことは●さらにもて《モッテ》あるべからざるものなり●しかるにこの光明《こうみょう》の縁《えん》にもよほ《オ》されて●宿《しゅく》善《ぜん》の機《き》あり《ツ》て●他力《たりき》の信心《しんじん》といふ《ウ》ことをばいますでにえたり●これしかしながら弥陀《みだ》如来《にょらい》の御方《おんかた》より●さづ《ズ》けま

しく《まし》たる信心《しんじん》とは●やがてあらはに《ワ》しられたり●かるがゆへに《エ》○行者《ぎょうじゃ》のをこす《オ》ところの信心《しんじん》にあらず●弥陀如《みだにょ》来他力《らいたりき》の大信心《だいしんじん》といふ《ウ》ことは●いまこそあきらかにしられたり●これにより《ッ》てかたじけなくも●ひとたび他力《たりき》の信心《しんじん》を《ノ》えたらん人《ひと》は●みな弥陀如来《みだにょらい》の御恩《ごおん》のありがたきほどを、よくく《よく》おもひ《イ》はかり《ッ》て佛恩報謝《ぶッとんほうしゃ》のためには●つねに稱名念佛《しょうみょうねんぶット》を申《モオ》したてまつるべきものなり●あなかしこく《あなかしこ》

文明六年七月三日　書之

十四

夫《それ》○越前《えちぜん》の國《くに》にひろまるところの○秘事《ひじ》法門《ぼうもん》といへ《エ》ることは●さらに佛法《ぶっぽう》《ツ》にてはなし●あさましき外道《げどう》の法《ほう》なり●これを信《しん》ずるものは●ながく无間《むけん》地獄《じごく》にしづ《ズ》むべき業《ごう》にて○いたづ《ズ》らごとなり●この秘事《ひじ》を、なを《オ》も執心《しゅうしん》して○箇要《かんにょう》とおもひ《イ》て●ひとを、へつらひ《イ》たらさんものには●あひ《イ》かまへ《エ》て〱《あいかまえて》随逐《ずいちく》すべからず●いそぎその秘事《ひじ》をいは《ワ》ん人《ひと》の手《て》をはなれて●はやくさづ《ズ》くるところの秘事《ひじ》を○ありのまゝ《ま》に懺悔《さんげ》《ス》して●ひとにかたりあらは《ワ》すべきものなり●抑《そもそも》○當流勧化《とうりゅうかんけ》のをも《オ》むきをくは《ワ》しくしり《ッ》て●

極樂《ごくらく》に往生《おうじょう》せんとおもは《ワ》んひとは●まづ《ズ》他力《たりき》の信心《しんじん》といふ《ウ》ことを存知《ぞんじ》すべきなり●それ他力《たりき》の信心《しんじん》といふ《ウ》はなにの要《よう》ぞといへ《エ》ば●かゝ《か》るあさましき○我等《われら》ごときの凡夫《ぼんぶ》の身《み》が●たやすく浄土《じょうど》へまいるべき用意《ようい》なり●その他力《たりき》の信心《しんじん》のすがたといふ《ウ》は○いかなることぞといへ《エ》ば●なにのやう《ヨオ》もなく●たゞ《ダ》ひとすぢ《ジ》に○阿弥陀如来《あみだにょらい》を一《いッ》《ツ》心《しん》一《いッ》《ツ》向《こう》にたのみたてまつ《ツ》りて●たすけたまへ《エ》とおもふ《オ》こゝ《こ》ろの一念《いちねん》を《オ》こるとき●かならず弥陀如来《みだにょらい》の○摂《せッ》《ツ》取《しゅ》の光明《こうみょう》をはなち《ツ》て●その身《み》の娑婆《しゃば》にあらんほどは●この光明《こうみょう》のな

かにおさめを《オ》きましますなり●これすなは《ワ》ちわれらが往《おう》生《じょう》のさだまりたるすがたなり●されば南《な》无《む》阿《あ》弥《み》陀《だ》佛《ぶっ》《ツ》とま《モ》う《オ》す《ス》躰《たい》は●われらが他《た》力《りき》の信《しん》心《じん》を《ノ》えたるすがたなり●この信《しん》心《じん》といふ《ウ》は●この南《な》无《む》阿《あ》弥《み》陀《だ》佛《ぶっ》《ノ》のいは《ワ》れを○あらは《ワ》せるすがたなりとこゝ《こ》ろう《オ》べきなり●されば○われらがいまの他《た》力《りき》の信《しん》心《じん》ひとつをとるにより《ツ》て●極《ご》樂《くらく》にやすく往《おう》生《じょう》すべきことの○さらになにのうたがひ《イ》もなし●あら殊《しゅ》勝《しょう》の弥《み》陀《だ》如《にょ》来《らい》の他《た》力《りき》の本《ほん》願《がん》や●このありがたさの弥《み》陀《だ》の御《ご》恩《おん》を《ノ》ば●いかゞ《が》して報《ほう》じたてまつるべきぞなれば●

た〻《だ》ねてもおきても○南《な》无《む》阿《あ》弥《み》陀《だ》佛《ぶつ》〱《なむあみだぶッ》《ツ》ととなへ《エ》て●かの弥《み》陀《だ》如《にょ》来《らい》の佛《ぶっ》《ツ》恩《とん》を《ノ》報《ほう》ずべきなり●されば南《な》无《む》阿《あ》弥《み》陀《だ》佛《ぶッ》《ツ》ととなふる《トノオル》こ〻《こ》ろはいかんぞなれば●阿《あ》弥《み》陀《だ》如《にょ》来《らい》の御《おん》たすけありつることの●ありがたさ、たふとさ《トオトサ》よとおもひ《イ》て●それをよろこびまうす《モオス》こ〻《こ》ろなりと○おもふ《オ》べきものなり●あなかしこ〱《あなかしこ》

文明六年七月五日

十五

抑《そもそも》○日《に》本《ほん》にをいて《オ》●浄《じょう》土《ど》宗《しゅう》の家《いえ》々《いえ》をたて〻《て》●西《せい》山《ざん》鎮《ちん》西《ぜい》九《く》

品《ほん》《ス》、長樂寺《ちょうらくじ》とて●其外《そのほか》あまたにわかれたり●これすなは《ワ》ち○法然聖人《ほうねんしょうにん》のすゝ《す》め給ふ《タモオ》ところの義《ぎ》は一途《いちず》なりといへ《エ》ども●あるひ《イ》は聖道門《しょうどうもん》にてありし人々《ひとびと》の●聖人《しょうにん》へまいりて淨土《じょうど》の法門《ほうもん》を《ノ》聽聞《ちょうもん》し給ふ《タモオ》に●うつくしく其理耳《そのことわりみみ》にとゞ《ど》まらざるによりて《ッ》●我本宗《わがほんじゅう》のこゝ《こ》ろをいまだすてやらずして●かへ《エ》り《ッ》てそれを淨土宗《じょうどしゅう》にひきいれんとせしにより《ッ》て●其不同《そのふどう》これあり●しかりといへ《エ》どもあながちにこれを誹謗《ひほう》《ス》する事《こと》、あるべからず●肝要《かんにょう》はたゞ《だ》我一宗《わがいっしゅう》《ツ》の安心《あんじん》を《ノ》よくたくは《ワ》へ《エ》て●自身《じしん》も決定《けつじょう》《ノ》し、人《ひと》をも勸化《かんけ》すべきばかりなり●夫《それ》○當流《とうりゅう》の安心《あんじん》のすがたはいかんぞなれば●まづ《ズ》我身《わがみ》は十悪《じゅうあく》五逆《ごぎゃく》●五障三従《ごしょうさんしょう》の○いたづ《ズ》らものなりと、ふかくおもひ《イ》つめて●そのうへ《エ》におもふ《オ》べきやう《ヨオ》は●かゝ《か》るあさましき機《き》を本《ほん》とたすけ給《たま》へ《エ》る●弥陀如来《みだにょらい》の不思議《ふしぎ》の本願力《ほんがんりき》なりと○ふかく信《しん》じ奉《たてまつッ》《ツ》て●すこしも疑心《ぎしん》なければ●かならず弥陀《みだ》は摂《ツ》取《せッしゅ》し給《タモオ》べし●このこゝ《こ》ろそすなは《ワ》ち他力真實《たりきしんじッ》《ノ》の信心《しんじん》を《ノ》えたるすがたとはいふ《ウ》べきなり●かくのごときの信心《しんじん》を《ノ》、一念《いちねん》とらんずる事《こと》は●さらになにのやう《ヨオ》もいらず●あらこゝ《こ》ろえやすの他力《たりき》の信《しん》心《じん》や《ニャ》●あら行《ぎょう》じやすの名號《みょうごう》や●しかればこの信心《しんじん》を《ノ》とるといふ《ウ》も○別《ベッ》《ノ》の事《こと》にはあらず●南《な》无《む》阿《あ》弥《み》陀《だ》佛《ぶッ》《ノ》の六《むっ》の字《じ》をこ、《こ》ろえわけたるが●すなは《ワ》ち他力信心《たりきしんじん》の躰《たい》なり●また南《な》无《む》阿《あ》弥《み》陀《だ》佛《ぶッ》《ツ》といふ《ウ》はいかなるこ、《こ》ろぞといへ《エ》ば●南《な》无《む》といふ《ウ》二《に》字《じ》は○すなは《ワ》ち極樂《ごくらく》へ往生《おうじょう》せんとねがひ《イ》て●弥《み》陀《だ》をふかくたのみ奉《たてまつ》るこ、《こ》ろなり●さて阿《あ》弥《み》陀《だ》佛《ぶッ》《ツ》といふ《ウ》は●かくのごとくたのみ奉《たてまつ》る衆生《しゅじょう》を○あは《ワ》れみまし〱《まし》て●无《む》始《し》曠劫《こうごう》よりこのかたの○おそろしきつみとがの○身《み》なれども●弥《み》陀《だ》如来《にょらい》の光明《こうみょう》の縁《えん》にあふ《オオ》により《ツ》て●ことぐく《ごと》无明業障《むみょうごッしょう》のふかきつみとが○たちまちに消滅《しょうめッ》するによりて●すでに正定聚《しょうじょうじゅ》のかずに住《じゅう》す●かるがゆへ《エ》に○凡身《ぼんじん》を《ノ》すてゝ《て》●佛身《ぶッしん》を《ノ》證《しょう》するといへ《エ》るこゝ《こ》ろを●すなは《ワ》ち阿弥陀如来《あみだにょらい》とは申《モオス》なり●されば阿弥陀《あみだ》といふ《ウ》三字《さんじ》をば●おさめ○たすけ、すくふ《ウ》とよめるいは《ワ》れあるがゆへ《エ》なり●かやう《カヨオ》に信心決定《しんじんけッじょう》してのうへ《エ》には●たゞ《だ》弥陀如来《みだにょらい》の佛恩《ぶッとん》の○かたじけなき事《こと》をつねにおもひ《イ》て●稱名念佛《しょうみょうねんぶット》を申《モオ》さばそれこそまことに○弥陀如来《みだにょらい》の佛恩《ぶッとん》を《ノ》報《ほう》じ奉《たてまつ》ることはり《ワ》に○かなふ《カノオ》べきものなり●あなかしこく《あなかしこ》

文明六　七月九日　書之

# ■三帖目



一　抑《そもそも》○當流《とうりゅう》にを《オ》いて其名《そのな》ばかりをかけんともがらも●又《また》もとより門徒《もんと》たらん人《ひと》も●安心《あんじん》のとを《オ》りをよくこゝ《こ》ろえずは●あひ《イ》かまへ《エ》て、今日《こんにち》よりして●他力《たりき》の大信心《だいしんじん》のを《オ》もむきを○ねんごろに人《ひと》にあひ《イ》たづ《ズ》ねて●報土往生《ほうどおうじょう》を決定《けッじょう》せしむべきなり●夫《それ》○一流《いちりゅう》の安心《あんじん》をとるといふ《ウ》も○何《なに》のやう《ヨオ》もなく●たゞ《だ》一《ひと》すぢ《ジ》に阿弥陀如来《あみだにょらい》を●ふかくたのみ奉《たてまつ》るばかりなり●しかれども○この阿弥陀佛《あみだぶッ》と申《モオス》は●いかやう《ヨオ》なるほとけぞ●又《また》いかやう《ヨオ》なる機《き》の衆生《しゅじょう》をすくひ《イ》たまふ《タモオ》ぞといふ《ウ》に●三世《さんぜ》の諸佛《しょぶつ》にすてられたる○あさましき我等《われら》凡夫《ぼんぶ》女人《にょにん》を《ノ》●われひとりすくはん《ワ》といふ《ウ》大願《だいがん》を《ノ》をこし《オ》たまひて《イ》●五劫《ごこう》があひ《イ》だこれを思惟《しゆい》し●永劫《ようこう》があひ《イ》だこれを修行《しゅぎょう》して●それ衆生《しゅじょう》のつみにを《オ》いては●いかなる十悪五逆《じゅうあくごぎゃく》●謗法闡提《ほうぼうせんだい》のともがらなりといふ《ウ》とも●すくはん《ワ》とちかひ《イ》まし〱《まし》て○すでに諸佛《しょぶつ》の悲願《ひがん》にこえすぐれたまひ《イ》て●その願成就《がんじょうじゅ》して阿弥陀如来《あみだにょらい》とはならせたまへ《エ》るを●すなは《ワ》ち阿弥陀佛《あみだぶつ》とは申《モオス》なり●これにより《ツ》て

この佛《ほとけ》をばなにとたのみ●なにとこゝ《こ》ろをも、もちてか●たすけ給ふ《タモオ》べきぞといふ《ウ》に●それ我身《わがみ》のつみのふかき事《こと》をばうちを《オ》きて●たゞ《だ》かの阿弥陀佛《あみだぶツ》を《ト》二《ふた》ごゝ《こ》ろなく●一向《いツこう》にたのみまいらせて●一念《いちねん》も疑ふ《ウタゴオ》心《こころ》なくば●かならずたすけたまふ《タモオ》べし●しかるに弥陀如来《みだにょらい》には●すでに摂《せツ》取《しゅ》と、光明《こうみょう》といふ《ウ》二《ふたツ》のことは《ワ》りをもて《モツテ》●衆生《しゅじょう》をば済度《さいど》したまふ《タモオ》なり●まづ《ズ》此光明《このこうみょう》に宿善《しゅくぜん》の機《き》のありて《ツ》てらされぬれば●つもるところの業障《ごツしょう》のつみ○みなきえぬるなり●さて摂取《せツしゅ》といふ《ウ》はいかなるこゝ《こ》ろぞといへ《エ》ば●此光明《このこうみょう》の縁《えん》にあひ《イ》奉《たてまつ》れば●罪障《ざいしょう》ことぐく《ごと》消滅《しょうめッ》するによりて《ッ》●やがて衆生《しゅじょう》を●此光明《このこうみょう》のうちにおさめを《オ》かるゝ《る》によりて《ッ》●摂取《せッしゅ》とはまうす《モオス》なり●このゆへ《エ》に阿弥陀仏《あみだほとけ》には●摂取《せッしゅ》と光明《こうみょう》との二《ふたつ》をもて《モッテ》●肝要《かんにょう》とせらるゝ《る》なりときこえたり●されば一念帰命《いちねんきみょう》の信心《しんじん》のさだまるといふ《ウ》も●この摂取《せッしゅ》の光明《こうみょう》にあひ《イ》たてまつる時尅《じこく》をさして●信心《しんじん》のさだまるとはまうす《モオス》なり●しかれば南无阿弥陀佛《なむあみだぶッ》といへ《エ》る行躰《ぎょうたい》は●すなはち《ワ》我等《われら》が浄土《じょうど》に往生《おうじょう》すべきことはり《ワ》を●此六字《このろくじ》にあらはし《ワ》たまへ《エ》る御《おん》すがたなりと○いまこそよくはしら

れて●いよ〳〵《いよ》ありがたくたふとく《トオトク》おぼえはんべれ●さてこの信心決定《しんじんけつじょう》のうへ《エ》には●たゞ《だ》阿弥陀如来《あみだにょらい》の御恩《ごおん》を《ノ》●雨山《あめやま》にかうふり《コオムリ》たる事《こと》をのみよろこびおもひ《イ》奉《たてまつッ》て●その報謝《ほうしゃ》のためには●ねてもさめても念佛《ねんぶット》を申《モオス》べきばかりなり●それこそ誠《まこと》に佛恩報盡《ぶッとんほうじん》のつとめ、なるべきものなり

●あなかしこ〳〵《あなかしこ》

文明六　七月十四日　書之

二

夫《それ》○諸宗《しょしゅう》のこゝ《こ》ろまち〳〵《まち》にして●いづ《ズ》れも釋迦一代《しゃかいちだい》の

説教《せッきょう》なれば●まことにこれ殊勝《しゅしょう》の法《ほう》なり●もとも《モットモ》如説《にょせッ》にこれを修行《しゅぎょう》せんひとは●成佛得道《じょうぶッとくどう》すべきことさらにうたがひ《イ》なし●しかるに末代《まッだい》このごろの衆生《しゅじょう》は●機根最劣《きこんさいれッ》にして●如説《にょせッ》に修行《しゅぎょう》せん人《ひと》まれなる時節《じせッ》なり●こゝ《こ》に弥陀《みだ》如来《にょらい》の他力本願《たりきほんがん》といふ《ウ》は●今《いま》の世《よ》にを《オ》いて●かゝ《か》る時《とき》の衆生《しゅじょう》を、むねとたすけ、すくは《ワ》んがために●五劫《ごこう》があひ《イ》だこれを思惟《しゆい》し●永劫《ようこう》があひ《イ》だこれを修行《しゅぎょう》して●造悪不《ぞうあくふ》善《ぜん》の衆生《しゅじょう》をほとけになさずは●我《われ》も正覺《しょうがく》ならじと、ちかごとをたてまし〱《まし》て●その願《がん》すでに成就《じょうじゅ》して●阿弥陀《あみだ》となせたまへ《エ》るほとけなり●末《ノ》代《まッだい》いまのときの衆生《しゅじょう》にを《オ》いては●このほとけの本願《ほんがん》にすがり《ッ》て◯弥陀《みだ》をふかくたのみたてまつらずんば●成佛《じょうぶッ》《ツ》するといふ《ウ》事《こと》あるべからざるなり●

抑《そもそも》◯阿弥陀如来《あみだにょらい》の他力本願《たりきほんがん》を《ノ》ば●なにとやう《ヨオ》に信《しん》じ●またなにとやう《ヨオ》に機《き》を、もちてか◯たすかるべきぞなれば●それ弥陀《みだ》を信《しん》じたてまつるといふ《ウ》は●なにのやう《ヨオ》もなく●他力《たりき》の信心《しんじん》といふ《ウ》いは《ワ》れをよくしりたらんひとは●たとへ《エ》ば十人《じゅうにん》は《ナ》十人《じゅうにん》ながら●みなもて《モッテ》極樂《ごくらく》に往生《おうじょう》すべし

●さてその他力《たりき》の信心《しんじん》といふ《ウ》は●いかやう《ヨオ》なることぞといへ《エ》ば●たゞ《だ》南无阿弥陀佛《なむあみだぶッ》《ノ》なり●この南无阿弥陀佛《なむあみだぶッ》《ノ》の六《むつ》の字《じ》のこゝ《こ》ろを●くは《ワ》しくしりたるが●すなは《ワ》ち他力信心《たりきしんじん》のすがたなり●されば南无阿弥陀佛《なむあみだぶッ》《ツ》といふ《ウ》六字《ろくじ》の躰《たい》を●よく〱《よく》こゝ《こ》ろう《オ》べし●まづ《ズ》南无《なむ》といふ《ウ》二字《にじ》は●いかなるこゝ《こ》ろぞといへ《エ》ば●やう《ヨオ》もなく弥陀《みだ》を一《いッ》《ツ》心《しん》一《いッ》《ツ》向《こう》にたのみたてまつ《ッ》りて●後生《ごしょう》たすけたまへ《エ》と○ふたごゝ《こ》ろなく信《しん》じまいらするこゝ《こ》ろを●すなは《ワ》ち南无《なむ》とはまう《モオ》すなり●つぎに阿弥陀佛《あみだぶッ》《ツ》といふ《ウ》四字《しじ》は●いかなるこゝ《こ》ろぞと

いへ《エ》ば●いまのごとくに弥陀《みだ》を一心《いッしん》にたのみまいらせて●うたがひ《イ》のこゝ《こ》ろのなき衆生《しゅじょう》をば●かならず弥陀《みだ》の御《おん》身《み》より●光明《こうみょう》をはなち《ツ》て●てらし〱《まし》て●そのひかりのうちにおさめを《オ》き給《たまい》て●さて一期《いちご》のいのちつきぬれば●かの極樂淨土《ごくらくじょうど》へを《オ》くりたまへ《エ》るこゝ《こ》ろを●すなは《ワ》ち阿弥陀佛《あみだぶッ》とはまうし《モオシ》たてまつるなり●されば世間《せけん》に沙汰《さた》するところの念佛《ねんぶッ》といふ《ウ》は●たゞ《だ》くちにだにも○南无阿《なむあ》弥陀佛《みだぶッ》ととなふ《トノオ》れば●たすかるやう《ヨオ》にみな人《ひと》のおもへ《エ》り●それはおぼつかなきことなり●さりながら淨土一家《じょうどいッけ》に

を《オ》いて●さやう《サヨオ》に沙汰《さた》するかたもあり●是非《ぜひ》すべからず●これは我一宗《わがいッしゅう》の開山《かいさん》のす、《す》めたまへ《エ》るところの●一流《いちりゅう》の安心《あんじん》のとを《オ》りをまうす《モオス》ばかりなり●宿縁《しゅくえん》のあらんひとはこれをき、《き》て●すみやかに今度《こんど》の極樂往生《ごくらくおうじょう》をとぐべし●かくのごとくこ、《こ》ろえたらんひと●名號《みょうごう》をとなへ《エ》て●弥陀如来《みだにょらい》のわれらをやすくたすけたまへ《エ》る御恩《ごおん》を《ノ》●雨山《あめやま》にかうふり《コオムリ》たる○その佛恩報盡《ぶッとんほうじん》のためには●稱名念佛《しょうみょうねんぶッ》すべきものなり●あなかしこ〳〵《あなかしこ》

文明六年八月五日　書之

三

此方《このほう》河尻《かわしり》性光《しょうこう》門徒《もんと》の面々《めんめん》にを《オ》いて●佛法《ぶっぽう》《ツ》の信心《しんじん》のこゝ《こ》ろえはいかやう《ヨオ》なるらん●まことにもて《モッテ》こゝ《こ》ろもとなし●しかりといへ《エ》ども●いま當流一義《とうりゅういちぎ》のこゝ《こ》ろをくは《ワ》しく沙《さ》汰《た》すべし●を《オ》のく《おの》耳《みみ》をそばだてゝ《て》これをきゝ《き》て●このを《オ》もむきをもて《モッテ》本《ほん》とおもひ《イ》て●今度《こんど》の極樂《ごくらく》の往生《おうじょう》を治定《じじょう》すべきものなり●

夫《それ》○弥陀如来《みだにょらい》の念佛往生《ねんぶッおうじょう》の本願《ほんがん》と申《モオス》は○いかやう《ヨオ》なることぞといふ《ウ》に●在家无智《ざいけむち》のものも●又十悪五逆《またじゅうあくごぎゃく》のやからにいたるまでも●なにのやう《ヨオ》もなく●他力《たりき》の信心《しんじん》といふ《ウ》

事《こと》をひとつ決定《けッじょう》すれば●みなこと〱《ごと》く極樂《ごくらく》に往生《おうじょう》するなり●さればその信心《しんじん》を《ノ》とるといふ《ウ》は●いかやう《ヨオ》なるむつかしきことぞといふ《ウ》に●なにのわづ《ズ》らひ《イ》もなく●たゞ《だ》ひとすぢ《ジ》に阿弥陀如來《あみだにょらい》をふたごゝ《こ》ろなくたのみたてまつり《ツ》て●餘《よ》へこゝ《こ》ろをちらさ、ざらんひとは●たとへ《エ》ば十《じゅう》人《にん》あ《ナ》らば十人《じゅうにん》ながら○みなほとけになるべし●このこゝ《こ》ろひとつをたもたんは《ナ》やすきことなり●たゞ《だ》こえにいだして●念佛《ねんぶッ》ばかりをとなふる《トノオル》ひとはおほやう《オオヨオ》なり●それは極樂《ごくらく》には往生《おうじょう》せず●この念佛《ねんぶッ》のいは《ワ》れをよくしりたる人《ひと》こそほとけにはなるべけれ●なにのやう《ヨオ》もなく●弥陀《みだ》をよく信《しん》ずるこゝ《こ》ろだにもひとつにさだまれば●やすく浄土《じょうど》へはまいるべきなり●このほかにはわづ《ズ》らは《ワ》しき秘《ひ》事《じ》といひ《イ》て●ほとけをもおがまぬものはいたづ《ズ》らものなりとおもふ《オ》べし●これにより《ツ》て阿弥陀如来《あみだにょらい》の他力本願《たりきほんがん》とまうす《モオス》は●すでに《ノ》末代《まッだい》いまのときの●つみふかき機《き》を本《ほん》としてすくひたまふ《イタモオ》がゆへ《エ》に●在家止住《ざいけしじゅう》のわれらごときのためには、相應《そうおう》したる○他力《たりき》の本願《ほんがん》なり●あらありがたの弥陀如来《みだにょらい》の誓願《せいがん》や《ニャ》●あらありがたの釋迦如来《しゃかにょらい》の金言《きんげん》や●あふぐ《オオグ》べし信《しん》ずべし●しかればいふ《ウ》ところのごとくこゝ《こ》ろえたらん人々《ひとびと》は●これまことに當流《とうりゅう》の信心《しんじん》を《ノ》決定《けッじょう》したる●念佛行者《ねんぶッぎょうじゃ》のすがたなるべし●さてこのうへ《エ》には●一期《いちご》のあひ《イ》だまうす《モオス》念佛《ねんぶッ》のこゝ《こ》ろは●弥陀如来《みだにょらい》のわれらを、やすくたすけたまへ《エ》るところの●雨山《あめやま》の御恩《ごおん》を《ノ》報《ほう》じたてまつらんがための念佛《ねんぶッ》なりと●おもふ《オ》べきものなり●あなかしこ〱《あなかしこ》

文明六年八月六日　書之

四

夫《それ》○倩《つらつら》人間《にんげん》のあだなる躰《てい》を案《あん》ずるに●生《しょう》あるものはかならず死《し》に帰《き》し●さかんなるものはついにおとろふ《オ》るならひ《イ》なり●さればたゞ《だ》いたづ《ズ》らにあかし●いたづ《ズ》らにくらして●年月《ねんげッ》《ツ》を《ト》を《オ》くるばかりなり●これまことになげきてもなを《オ》かなしむべし●このゆへ《エ》に○上《かみ》は大聖世尊《だいしょうせそん》よ《ニョ》りはじめて●下《しも》は悪逆《あくぎゃく》の提婆《だいば》にいたるまで●のがれがたきは无常《むじょう》なり●しかればまれにもうけがたきは人身《にんじん》●あひ《イ》がたきは佛法《ぶッぽう》《ツ》なり●たま〱《たま》佛法《ぶッぽう》《ツ》にあふ《オオ》ことをえたりといふ《ウ》とも●自力修行《じりきしゅぎょう》の門《もん》は《ナ》○末代《まッだい》《ノ》なればいまのときは●出《しゅッ》《ツ》

離生死《りしょうじ》のみちはかなひ《イ》がたきあひ《イ》だ●弥陀如来《みだにょらい》の本願《ほんがん》にあひ《イ》たてまつらず《ス》は○いたづ《ズ》らごとなり●しかるにいますでにわれら●弘願《ぐがん》の一《ツ》法《いっぽう》にあふ《オオ》ことをえたり●このゆへ《エ》に、たゞ《ダ》ねがふ《ネゴオ》べきは極樂淨土《ごくらくじょうど》○たゞ《ダ》たのむべきは弥陀如來《みだにょらい》●これによりて《ツ》、信心《しんじん》決《ノ》定《けツじょう》して念《ノ》佛《ねんぶツ》申《モオス》べきなり●しかれば世《よ》の中《なか》に●ひとのあまねくこゝ《こ》ろえを《オ》きたるとをり《オ》は●たゞ《ダ》こえにいだして●南无阿弥陀佛《なむあみだぶツ》《ツ》とばかりと《ト》なふれ《ノオレ》ば○極樂《ごくらく》に往生《おうじょう》すべきやう《ヨオ》におもひ《イ》はんべり●それはおほ《オ》きにおぼつかなきことなり●されば南无阿弥陀《なむあみだ》佛《ぶッ》《ツ》とまうす《モオス》六字《ろくじ》の躰《たい》は○いかなるこゝ《こ》ろぞといふ《ウ》に●阿《あ》弥陀如来《みだにょらい》を一《ツ》向《いッこう》にたのめば●ほとけその衆生《しゅじょう》をよくしろしめして●すくひ《イ》たまへ《エ》る御《おん》すがたを●この南无阿弥陀《なむあみだ》佛《ぶッ》《ノ》の六字《ろくじ》に○あらは《ワ》したまふ《タモオ》なりとおもふ《オ》べきなり●しかればこの阿弥陀如来《あみだにょらい》をば○いかゞ《が》して信《しん》じまいらせて●後生《ごしょう》の一大事《いちだいじ》をばたすかるべきぞなれば●なにのわづ《ズ》らひ《イ》もなく●もろ〳〵《もろ》の雑行雑善《ぞうぎょうぞうぜん》を《ノ》なげすてゝ《て》●一《ツ》心一《いッしんいッ》《ツ》向《こう》に弥陀如来《みだにょらい》をたのみまいらせて●ふたごゝ《こ》ろなく信《しん》じたてまつれば●そのたのむ衆生《しゅじょう》を●光明《こうみょう》をはなち《ッ》て●そ

のひかりのなかに、おさめ、いれ、を《オ》きたまふ《タモオ》なり●これをすなは《ワ》ち弥《み》陀《だ》如来《にょらい》の●摂《せッ》《ツ》取《しゅ》の光益《こうやく》にあづ《ズ》かるとはま《モ》う《オ》す《ス》なり●または不捨《ふしゃ》の誓益《せいやく》ともこれをなづくるなり●かくのごとく阿弥陀《あみだ》如来《にょらい》の○光明《こうみょう》のうちにおさめを《オ》かれまいらせてのうへ《エ》には●一期《いちご》のいのちつきなば●たゞ《だ》ちに、真實《しんじッ》《ノ》の報土《ほうど》に往生《おうじょう》すべきこと●そのうたがひ《イ》あるべからず●このほかには別《ベッ》《ノ》の佛《ぶッ》《ツ》を《ト》たのみ●また餘《よ》の功徳《くどく》善根《ぜんごん》を《ノ》修《しゅ》しても○なにゝ《に》かは《ワ》せん●あらたふと《トオト》や○ありがたの阿弥陀《あみだ》如來《にょらい》や●かやう《カヨオ》の雨山《あめやま》の御恩《ごおん》を《ノ》ばいかゞ《が》して報《ほう》じたてまつるべきぞや●たゞ《だ》南《な》无《む》阿《あ》弥《み》陀《だ》佛《ぶつ》く《なむあみだぶ》と、こえにとなへ《エ》て●その恩徳《おんどく》をふかく報盡申《ほうじんもうす》ばかりなりと○こゝ《こ》ろう《オ》べきものなり●あなかしこく《あなかしこ》

文明六年八月十八日

五

抑《そもそも》○諸佛《しょぶつ》の悲願《ひがん》に●弥陀《みだ》の本願《ほんがん》のすぐれましく《まし》たる●そのいは《ワ》れをくは《ワ》しくたづ《ズ》ぬるに●すでに十方《じっぽう》の諸佛《しょぶつ》と申《モオス》は●いたり《ツ》てつみふかき衆生《しゅじょう》と●五障三従《ごしょうさんしょう》の女人《にょにん》をば●たすけたまは《ワ》ざるなり●このゆへ《エ》に諸佛《しょぶつ》の願《がん》に●阿弥《あみ》

陀佛《だぶッ》《ノ》の本願《ほんがん》は《ナ》すぐれたりとまうす《モオス》なり●さて弥陀如來《みだにょらい》の超世《ちょうせ》の大願《だいがん》は《ナ》●いかなる機《き》の衆生《しゅじょう》をすくひ《イ》ましますぞとまうせ《モオ》ば●十悪五逆《じゅうあくごぎゃく》の罪人《ざいにん》も●五障三従《ごしょうさんしょう》の女人《にょにん》にいたるまでも●みなこと〴《ごと》くもらさずたすけたまへ《エ》る大願《だいがん》なり●されば一心《いッしん》《ツ》一向《いッこう》《ツ》にわれをたのまん衆生《しゅじょう》をば●かならず十人《じゅうにん》あらば十人《じゅうにん》ながら●極樂《ごくらく》へ引接《いんじょう》せんとのたまへ《エ》る他力《たりき》の大誓願力《だいせいがんりき》なり●これによりて《ツ》かの阿弥陀佛《あみだぶッ》《ノ》の本願《ほんがん》《ノ》をば●われらごときのあさましき凡夫《ぼんぶ》は●なにとやう《ヨオ》にたのみ●なにとやう《ヨオ》に機《き》を、もちて●かの弥陀《みだ》をばた

のみまいらすべきぞや●そのいは《ワ》れを、くは《ワ》しくしめし
たまふ《タモオ》べし●そのをし《オ》へ《エ》のごとく信心《しんじん》を《ノ》とり《ッ》て●弥陀《みだ》を
も信《しん》じ●極樂《ごくらく》をもねがひ《イ》●念佛《ねんぶッ》《ツ》を《ト》もまうす《モオス》べきなり●こ
たへ《エ》ていは《ワ》く●まづ《ズ》、世間《せけん》にいま流布《るふ》してむねとすゝ《す》む
るところの○念佛《ねんぶッ》《ツ》とまうす《モオス》は●たゞ《だ》なにの分別《ふんべッ》《スノ》もなく●
南无阿弥陀佛《なむあみだぶッ》《ツ》とばかりとなふれ《トノオレ》ば●みなたすかるべきや《ヨ》
う《オ》におもへ《エ》り●それはおほ《オ》きにおぼつかなきことなり●
京田舎《きょういなか》のあひ《イ》だにを《オ》いて●淨土宗《じょうどしゅう》の流義《りゅうぎ》まち〱《まち》にわか
れたり●しかれどもそれを是非《ぜひ》するにはあらず●たゞ《だ》わ

が○開山《かいさん》の一流相傳《いちりゅうそうでん》のを《オ》もむきをまうし《モオシ》ひらくべし●それ解脱《げだつ》の耳《みみ》をすましてa●渇仰《かつごう》のかうべ《コオベ》をうなたれて●これをねんごろにきゝ《き》て●信心歓喜《しんじんかんぎ》のおもひ《イ》をなすべし●それ在家止住《ざいけしじゅう》のやから●一生造悪《いッしょうぞうあく》のものも●たゞ《だ》我身《わがみ》のつみのふかきには目《め》をかけずして●それ弥陀如来《みだにょらい》の本願《ほんがん》と申《モオス》は●かゝ《か》るあさましき機《き》を本《ほん》とすくひ《イ》ましま す●不《ふ》思議《しぎ》の願力《がんりき》ぞとふかく信《しん》じて●弥陀《みだ》を一心一向《いッしんいッこう》にたのみたてまつ《ツ》りて●他力《たりき》の信心《しんじん》といふ《ウ》ことを一《ひとつ》こゝ《こ》ろう《オ》べし

●さて他力《たりき》の信心《しんじん》といふ《ウ》躰《たい》は●いかなるこゝ《こ》ろぞといふ《ウ》

に●この南无阿弥陀佛《なむあみだぶッ》の○六字《ろくじ》の名號《みょうごう》の躰《たい》は●阿弥陀佛《あみだぶッ》のわれらをたすけたまへ《エ》るいは《ワ》れを●この南无阿弥陀佛《なむあみだぶッ》の名號《みょうごう》にあらは《ワ》しまし〱《まし》たる○御《おん》すがたぞとくは《ワ》しくこゝ《こ》ろえわけたるをもて《モッテ》●他力《たりき》の信心《しんじん》をえたる人《ひと》とはいふ《ウ》なり●この南无《なむ》といふ《ウ》二字《にじ》は●衆生《しゅじょう》の阿弥陀佛《あみだぶッ》を《ト》一心《いッしん》一向《いッこう》にたのみたてまつ《ツ》りて●たすけたまへ《エ》とおもひ《イ》て●餘念《よねん》なきこゝ《こ》ろを歸命《きみょう》とはいふ《ウ》なり●つぎに阿弥陀佛《あみだぶッ》といふ《ウ》四《よつ》の字《じ》は●南无《なむ》とたのむ衆生《しゅじょう》を●阿弥陀佛《あみだぶッ》のもらさずすくひ《イ》たまふ《タモオ》こゝ《こ》ろなり●このこゝ《こ》ろをすなは《ワ》ち摂取《せッしゅ》

不捨《ふしゃ》とはまうす《モオス》なり●攝取不捨《せっしゅふしゃ》といふ《ウ》は●念佛《ねんぶつ》の行者《ぎょうじゃ》を○弥陀如來《みだにょらい》の光明《こうみょう》のなかにおさめとり《ツ》て●すてたまは《ワ》ずといへ《エ》ることゝ《こ》ろなり●さればこの南无阿弥陀佛《なむあみだぶつ》の躰《たい》は●われらを阿弥陀佛《あみだぶつ》のたすけたまへ《エ》る支證《ししょう》のために●御名《みな》を、この南无阿弥陀佛《なむあみだぶつ》の六字《ろくじ》にあらは《ワ》したまへ《エ》るなりときこえたり●かくのごとくこゝ《こ》ろえわけぬれば●われらが極樂《ごくらく》の往生《おうじょう》は治定《じじょう》なり●あらありがたやたふと《トオト》やとおもひ《イ》て●このうへ《エ》には○はやひとたび弥陀如来《みだにょらい》にたすけられまいらせつる、のちなれば●御《おん》たすけありつる○御《おん》うれしさの念佛《ねんぶッ》《ノ》なれば●この念佛《ねんぶッ》《ツ》を《ト》ば佛《ツ》恩報謝《ぶッとんほうしゃ》の稱名《しょうみょう》ともいひ《イ》●また信《しん》のうへ《エ》の稱名《しょうみょう》とも○まうし《モオシ》はんべるべきものなり●あなかしこ〳〵《あなかしこ》

文明六年九月六日　書之

六

夫《それ》○南无阿弥陀佛《なむあみだぶッ》《ツ》と申《モオス》は●いかなるこゝ《こ》ろぞなれば●まづ《ズ》南无《なむ》といふ《ウ》二字《にじ》は●歸命《きみょう》と、發《ノ》願迴向《ほッがんえこう》とのふたつのこゝ《こ》ろなり●また南无《なむ》といふ《ウ》は願《がん》なり●阿弥陀佛《あみだぶッ》《ツ》といふ《ウ》は行《ぎょう》なり●されば雑行雑善《ぞうぎょうぞうぜん》を《ノ》なげすてゝ《て》、専修専念《せんじゅせんねん》に弥陀《みだ》如來《にょらい》をたのみたてまつり《ツ》て●たすけたまへ《エ》とおもふ《オ》歸《き》命《みょう》の一念《いちねん》を《オ》こるとき●かたじけなくも遍照《へんじょう》の光明《こうみょう》をはなち《ツ》て●行者《ぎょうじゃ》を摂《ツ》取《せっしゅ》したまふ《タモオ》なり●このこゝ《こ》ろすなは《ワ》ち阿弥《あみ》陀《だ》佛《ぶッ》《ノ》の四《よっ》の字《じ》のこゝ《こ》ろなり●又《また》發《ほッ》《ノ》願《がん》廻向《えこう》のこゝ《こ》ろなり●これによりて《ツ》南无《なむ》阿弥陀佛《あみだぶッ》《ツ》といふ《ウ》六字《ろくじ》は●ひとへ《エ》にわれらが往生《おうじょう》すべき●他力信心《たりきしんじん》のいは《ワ》れをあらは《ワ》したまへ《エ》る○御名《みな》なりとみえたり●このゆへ《エ》に願成就《がんじょうじゅ》の文《もん》には●聞《もん》其名號《ごみょうごう》○信心歡喜《しんじんかんぎ》とゝかれたり●この文《もん》のこゝ《こ》ろは●その名號《みょうごう》をきゝ《き》て○信心歡喜《しんじんかんぎ》すといへ《エ》り●その名號《みょうごう》をきく

といふ《ウ》は●たゞ《だ》おほやう《オオヨオ》にきくにあらず●善知識《ぜんぢしき》にあひ《イ》て●南无阿弥陀佛《なむあみだぶッ》の《ノ》六《むつ》の字《じ》のいはれ《ワ》を○よくきゝ《き》、ひらきぬれば●報土《ほうど》に往生《おうじょう》すべき●他力信心《たりきしんじん》の道理《どうり》なりとこゝ《こ》、ろえられたり●かるがゆへ《エ》に、信心歓喜《しんじんかんぎ》といふ《ウ》は●すなはち《ワ》信心《しんじん》さだまりぬれば●淨土《じょうど》の往生《おうじょう》は○うたがひ《イ》なくおもふ《オ》て、よろこぶこゝ《こ》ろなり●このゆへ《エ》に、弥陀如來《みだにょらい》の●五劫兆載永劫《ごこうちょうさいようこう》《ス》の御苦勞《ごくろう》を案《あん》ずるにも●われらをやすくたすけたまふ《タモオ》ことのありがたさ●たふとさ《トオトサ》をおもへ《エ》ば●なか〱《なか》まうす《モオス》もをろ《オ》かなり●されば、和讃《わさん》にいはく《ワ》

○南无阿弥陀佛《なむあみだぶ》《ノ》の廻向《えこう》の●恩徳廣大不思議《おんどくこうだいふしぎ》にて○往相廻向《おうそうえこう》の利益《りやく》には●還相廻向《げんそうえこう》に廻入《えにゅう》せりといへ《エ》るはこのこゝ《こ》ろなり●また正信偈《しょうしんげ》にはすでに●唯能常稱如来號《ゆいのうじょうしょうにょらいごう》●應報《おうほう》大悲弘誓恩《だいひぐぜいおん》とあれば●いよく《いよ》行住坐臥時處諸縁《ぎょうじゅうざがじしょしょえん》《ノ》をきらは《ワ》ず●佛恩報盡《ぶっとんほうじん》《ツ》のために●たゞ《だ》稱名念佛《しょうみょうねんぶっ》《ツ》すべきものなり●あなかしこく《あなかしこ》

文明六年十月廿日　書之

七

抑《そもそも》○親鸞聖人《しんらんしょうにん》の●すゝ《す》めたまふ《タモオ》ところの○一義《いちぎ》のこゝ《こ》ろ

は●ひとへ《エ》にこれ末代濁世《まッだいじょくせ》の○在家无智《ざいけむち》のともがらにを《オ》いて●なにのわづ《ズ》らひ《イ》もなく●すみやかにとく淨土《じょうど》に往《おう》生《じょう》すべき●他力信心《たりきしんじん》の一途《いちず》ばかりをもて《モッテ》本《ほん》とをし《オ》へ《エ》たまへ《エ》り●しかればそれ阿弥陀如來《あみだにょらい》は●すでに十悪五逆《じゅうあくごぎゃく》の愚《ぐ》人《にん》●五障三従《ごしょうさんしょう》の女人《にょにん》にいたるまで●こと〴〵《ごと》くすくひ《イ》ましますといへ《エ》る事《こと》をば●いかなる人《ひと》もよくしりはんべりぬ●しかるにいまわれら凡夫《ぼんぶ》は●阿弥陀佛《あみだぶット》をばいかやう《ヨオ》に信《しん》じ●なにとやう《ヨオ》にたのみまいらせて●かの極樂世界《ごくらくせかい》へは往生《おうじょう》すべきぞといふ《ウ》に●たゞ《だ》ひとすぢ《ジ》に弥陀如来《みだにょらい》を

信《しん》じたてまつり《ッ》て●その餘《よ》はなにごともうちすて、《て》●一《いッ》《ツ》向《こう》に弥《み》陀《だ》に歸《き》し●一《いッ》《ツ》心《しん》に本《ほん》願《がん》《ノ》を信《しん》じて●阿《あ》弥《み》陀《だ》如《にょ》来《らい》にを《オ》いてふたご、《こ》ろなくば●かならず極《ごく》樂《らく》に往《おう》生《じょう》すべし●此《この》道《どう》理《り》をもて《モッテ》●すなは《ワ》ち他《た》力《りき》信《しん》心《じん》を《ノ》えたるすがたとはいふ《ウ》なり●そも〱《そも》信《しん》心《じん》といふ《ウ》は●阿《あ》弥《み》陀《だ》佛《ぶッ》《ノ》の本《ほん》願《がん》のいは《ワ》れをよく分《ふん》別《べッ》《ツ》して●一《いッ》《ツ》心《しん》に弥《み》陀《だ》に歸《き》命《みょう》するかたをもて《モッテ》●他《た》力《りき》の安《あん》心《じん》を《ノ》決《けッ》《ノ》定《じょう》すとはまうす《モオス》なり●されば南《な》无《む》阿《あ》弥《み》陀《だ》佛《ぶッ》《ノ》の六《ろく》字《じ》のいは《ワ》れを●よくこ、《こ》ろえわけたるをもて《モッテ》●信《しん》心《じん》決《けッ》《ノ》定《じょう》の躰《たい》とす●しかれば南《な》无《む》の二《に》字《じ》は●衆《しゅ》生《じょう》の阿《あ》弥《み》陀《だ》佛《ぶッ》《ツ》

を《ト》信《しん》ずる機《き》なり●次《つぎ》に阿弥陀佛《あみだぶッ》《ツ》といふ《ウ》四《よつ》の字《じ》のいは《ワ》れは●弥陀如來《みだにょらい》の衆生《しゅじょう》をたすけたまへ《エ》る法《ほう》なり●このゆへ《エ》に機《き》法《ほう》一《ツ》躰《いッたい》の○南无阿弥陀佛《なむあみだぶッ》《ツ》といへ《エ》るはこのこゝ《こ》ろなり●これによりて衆生《しゅじょう》の三業《さんごう》と●弥陀《みだ》の三業《さんごう》と○一《ツ》躰《いッたい》になるところをさして●善導和尚《ぜんどうかしょう》は●彼此三業《ひしさんごう》、不相捨離《ふそうしゃり》と○釋《しゃく》したまへ《エ》るもこのこゝ《こ》ろなり●されば一念歸命《いちねんきみょう》の信心《しんじん》決定《けツじょう》せしめたらん人《ひと》は●かならずみな報土《ほうど》に往生《おうじょう》すべきこと●さらにもて《モッテ》そのうたがひ《イ》あるべからず●あひ《イ》かまへ《エ》て○自力執心《じりきしゅうしん》のわろき機《き》のかたをばふりすてゝ《て》●たゞ《だ》不思議《ふしぎ》の願力《がんりき》ぞとふかく信《しん》じて●弥陀《みだ》を一心《いッしん》にたのまんひとは●たとへ《エ》ば十人《じゅうにん》は十人《じゅうにん》ながら○みな真實報土《しんじッほうど》の往《おう》生《じょう》をとぐべし●このうへ《エ》にはひたすら弥陀如来《みだにょらい》の●御恩《ごおん》のふかきことをのみ、おもひ《イ》たてまつり《ツ》て●つねに報謝《ほうしゃ》の念佛《ねんぶット》を○申《モオス》べきものなり●あなかしこ〱《あなかしこ》

文明七年二月廿三日

## 八

抑《そもそも》○此比《このごろ》當國他國《とうごくたこく》の間《あいだ》に於《おい》て●當流安心《とうりゅうあんじん》のを《オ》もむき事外《ことのほか》相違《そうい》して●みな人《ひと》ごとに我《われ》はよく心得《こころえ》たりと思《おもい》て●更《さら》に

法義《ほうぎ》にそむくとを《オ》りをも○あながちに人《ひと》にあひ《イ》たづ《ズ》ねて●真實《しんじッ》の信心《しんじん》をとらんとおもふ《オ》人《ひと》すくなし●これ誠《まこと》にあさましき執心《しゅうしん》なり●速《すみやか》にこの心《こころ》を改悔《がいけ》懺悔《さんげ》して●當流真實《とうりゅうしんじッ》の信心《しんじん》に住《じゅう》して●今度《こんど》の報土《ほうど》往生《おうじょう》を決定《けッじょう》せずは●誠《まこと》に寳《たから》の山《やま》に入《いッ》て●手《て》をむなしくしてかへ《エ》らんに、ことならんもの歟《か》●このゆへ《エ》に其《その》信心《しんじん》の相違《そうい》したる詞《ことば》にいは《ワ》く●夫《それ》、弥陀《みだ》如来《にょらい》は●すでに十劫正覺《じッこうしょうがく》の初《はじめ》より●我等《われら》が往生《おうじょう》をさだめたまへ《エ》る事《こと》を●いまにわすれずうたは《ワ》ざるが○すなは《ワ》ち信心《しんじん》なりとばかりこゝ《こ》ろえて●弥陀《みだ》に歸《き》して

●信心決定《しんじんけツじょう》せしめたる分《ぶん》なくば●報土往生《ほうどおうじょう》すべからず●されぱそばさまなるわろきこゝ《こ》ろえなり●これによりて《ツ》當流安心《とうりゅうあんじん》のそのすがたをあらは《ワ》さば●すなは《ワ》ち南无阿弥《なむあみ》陀佛《だぶツ》の躰《たい》をよくこゝ《こ》ろう《オ》るをもて《モッテ》●他力信心《たりきしんじん》をえたるとはいふ《ウ》なり●されば南无阿弥陀佛《なむあみだぶツ》の六字《ろくじ》を○善導釋《ぜんどうしゃく》していは《ワ》く●南无《なむ》といふ《ウ》は歸命《きみょう》●またこれ發願《ほツがん》廻向《えこう》の義《ぎ》なりといへ《エ》り●其意《そのこころ》いかんぞなれば●阿弥陀如來《あみだにょらい》の因中《いんちゅう》に於《おい》て●我等《われら》凡夫《ぼんぶ》の往生《おうじょう》の行《ぎょう》をさだめ給ふ《タモオ》とき●凡夫《ぼんぶ》のなす所《ところ》の廻向《えこう》は自力《じりき》なるがゆへ《エ》に●成就《じょうじゅ》しがたきにより《ツ》て●

三帖目

阿弥陀如来《あみだにょらい》の凡夫《ぼんぶ》のために御辛労《ごしんろう》あり《ッ》て●此廻向《このえこう》を我等《われら》にあたへ《エ》んがために●廻向成就《えこうじょうじゅ》し給《たま》ひ《イ》て●一念南无《いちねんなむ》と歸命《きみょう》するところにて●此廻向《このえこう》を我等凡夫《われらぼんぶ》にあたへ《エ》ますなり●故《かるがゆえ》に凡夫《ぼんぶ》の方《かた》よりなさぬ廻向《えこう》なるがゆへ《エ》に●これをもて《モッテ》如來《にょらい》の廻向《えこう》をば○行者《ぎょうじゃ》のかたよりは不廻向《ふえこう》とは申《モオ》すなり●此《この》いは《ワ》れあるがゆへ《エ》に●南无《なむ》の二字《にじ》は歸命《きみょう》のこゝ《こ》ろなり●又《また》發《ノ》願廻向《ほッがんえこう》のこゝ《こ》ろなり●此《この》いは《ワ》れなるがゆへ《エ》に●南无《なむ》と歸命《きみょう》する衆生《しゅじょう》を●かならず摂《ツ》取《せッしゅ》してすて給《たま》は《ワ》ざるがゆへ《エ》に●南无阿弥陀佛《なむあみだぶッ》《ツ》とは申《モオス》なり●これすなは《ワ》

ち一念帰命《いちねんきみょう》の○他力信心《たりきしんじん》ノ獲得《ぎゃくとく》する●平生業成《へいぜいごうじょう》の念佛《ねんぶッ》ノ行《ぎょう》者《じゃ》といへ《エ》るは●此事《このこと》なりとしるべし●かくのごとくこゝ《こ》ろえたらん人々《ひとびと》は●いよ〱《いよ》弥陀如來《みだにょらい》の御恩徳《ごおんどく》の深遠《じんのん》なる事《こと》を信知《しんち》して●行住坐臥《ぎょうじゅうざが》に稱名念佛《しょうみょうねんぶッ》ツすべし●これすなは《ワ》ち○憶念弥陀《おくねんみだ》ノ佛本願《ぶッほんがん》●自然即時入《じねんそくじにゅう》ノ必定《ひッじょう》●唯能常稱如來《ゆいのうじょうしょうにょらい》號《ごう》●應報大悲弘誓恩《おうほうだいひぐぜいおん》といへ《エ》る文《もん》のこゝ《こ》ろなり●あなかしこ〱《あなかしこ》

文明七　二月廿五日

九

抑《そもそも》○今日《こんにッタ》《ツ》は鸞聖人《らんしょうにん》の御明日《ごめいにち》として●かならず報恩謝徳《ほうおんしゃとく》のこゝ《こ》ろざしを○はこばざる人《ひと》これすくなし●しかれどもかの諸人《しょにん》のうへ《ヱ》にを《オ》いて●あひ《イ》こゝ《こ》ろう《オ》べきを《オ》もむきは●もし、本願他力《ほんがんたりき》の真實《しんじッ》《ツ》信心《しんじん》を《ノ》獲得《ぎゃくとく》せざらん○未安心《みあんじん》のともがらは●今日《こんにち》にかぎり《ッ》て○あながちに出仕《しゅッし》《ツ》をいたし●この講中《こうじゅう》の座敷《ざしき》をふさぐをもて《モッテ》●真宗《しんしゅう》の肝要《かんにょう》とばかりおもは《ワ》ん人《ひと》は●いかでかわが聖人《しょうにん》の御意《ぎょい》にはあひ《イ》かなひ《イ》がたし●しかりといへ《エ》ども、わが在所《ざいしょ》にあり《ッ》て●報謝《ほうしゃ》のいとなみをも○はこばざらんひとは●不請《ふしょう》にも出仕《しゅッし》《ツ》をいたしてもよろしかるべき歟《か》●されば毎月廿八日《まいがッにじゅうはちにち》ごとに●かならず出仕《しゅッし》をいたさんとおもは《ワ》んともがらにを《オ》いては●あひ《イ》かまへ《エ》て日《ひ》ごろの信心《しんじん》のとを《オ》り決定《けッじょう》せざらん●未《み》安心《あんじん》のひとも●すみやかに本願真實《ほんがんしんじッ》の他力信心《たりきしんじん》をとりて●わが身《み》の今度《こんど》の報土往生《ほうどおうじょう》を決定《けッじょう》せしめんこそ●まことに○聖人報恩謝徳《しょうにんほうおんしゃとく》の懇志《こんし》にあひ《イ》かなふ《カノオ》べけれ●また自身《じしん》の極樂往生《ごくらくおうじょう》の一途《いちず》も●治定《じじょう》しをはりぬ《オワンヌ》べき道理《どうり》なり●これすなは《ワ》ち、まことに○自信教人信《じしんきょうにんしん》●難中轉更難《なんちゅうてんきょうなん》●大悲《だいひ》傳普化《てんぶけ》●真成報佛恩《しんじょうほうぶッとん》といふ《ウ》●釋文《しゃくもん》のこゝ《こ》ろにも府合《ふごう》せるものなり●夫《それ》○聖人《しょうにん》御《ご》入滅《にゅうめッ》は《タ》●すでに○一百《いちひゃく》餘歳《よさい》を経《ふ》といへ《エ》ども●かたじけなくも目前《もくぜん》にを《オ》いて●真影《しんねい》を拝《はい》したてまつる●又徳音《またとくいん》は《ナ》はるかに○无常《むじょう》のかぜにへだつといへ《エ》ども●まのあたり實語《じッご》を相承血脈《そうじょうけちみゃく》して●あきらかに耳《みみ》のそこにのこして●一流《いちりゅう》の他力真實《たりきしんじッ》の信心《しんじん》○いまにたえせざるものなり●これにより《ツ》ていまこの時節《じせッ》にいたり《ツ》て●本願真實《ほんがんしんじッ》の信心《しんじん》を《ノ》獲得《ぎゃくとく》せしむる人《ひと》なくば●まことに宿《しゅく》善《ぜん》のもよほ《オ》しにあづ《ズ》からぬ身《み》とおもふ《オ》べし●もし宿善開《しゅくぜんかい》發《ほッ》の機《き》にてもわれらなくば●むなしく今度《こんど》の往生《おうじょう》は不定《ふじょう》

なるべきこと●なげきてもなを《オ》かなしむべきはたゞ《だ》この一事《いちじ》なり●しかるにいま本願《ほんがん》の一道《いちどう》にあひ《イ》がたくして●まれに无上《むじょう》の本願《ほんがん》にあふ《オオ》ことをえたり●まことによろこびのなかのよろこび●なにごとかこれにしかん●たふと《トオト》むべし《ム》信《しん》ずべし●これにより《ツ》て年月日《としつきひ》ごろ●わがこゝ《こ》ろのわろき迷心《めいしん》を《ノ》ひるがへ《エ》して●たちまちに本願一實《ほんがんいちじッ》《ノ》の○他力信心《たりきしんじん》にもとづかんひとは●真實《しんじッ》《ノ》に○聖人《しょうにん》の御意《ぎょい》にあひかなふ《イカノオ》べし●これしかしながら●今日《こんにッ》《ツ》聖人《しょうにん》の報恩謝徳《ほうおんしゃとく》の●御《おん》こゝ《こ》ろざしにも○あひ《イ》そなは《ワ》りつべきものなり●

あなかしこく《あなかしこ》

文明七年五月廿八日　書之

十

抑《そもそも》○當流門徒中《とうりゅうもんとじゅう》にを《オ》いて●この六《ツ》ケ條《ろっかじょう》の篇目《へんもく》のむねをよく存知《ぞんじ》して●佛《ツ》法《ぶっぽう》を内心《ないしん》にふかく信《しん》じて●外相《げそう》にそのいろをみせぬやう《ヨオ》にふるまふ《フルモオ》べし●しかればこのごろ當流《とうりゅう》念佛《ツ》者《ねんぶっしゃ》にを《オ》いて●わざと一流《いちりゅう》のすがたを○他宗《たしゅう》に對《たい》してこれをあらは《ワ》すこと●もて《モッテ》のほかのあやまりなり●所詮《しょせん》向後《ス》《きょうこう》この題目《だいもく》の次第《しだい》をまもり《ッ》て●佛《ツ》法《ぶっぽう》をば修行《しゅぎょう》すべし●

もしこのむねをそむかんともがらは●ながく門徒中《もんとじゅう》の一《いち》列《れッ》たるべからざるものなり●

一《ひとツ》○神社《じんじゃ》をかろしむることあるべからず●

一《ひとツ》○諸佛菩薩《しょぶツぼさツ》ならびに諸堂《しょどう》をかろしむべからず●

一《ひとツ》○諸宗諸法《しょしゅうしょほう》を誹謗《ひほう》すべからず●

一《ひとツ》○守護地頭《しゅごじとう》を疎略《そりゃく》にすべからず●

一《ひとツ》○國《くに》の佛法《ぶツぽう》の次第非義《しだいひぎ》たるあひだ正義《しょうぎ》におもむくべき事《こと》●

一《ひとツ》○當流《とうりゅう》にたつるところの他力信心《たりきしんじん》をば●内心《ないしん》にふかく

決定《けツじよう》すべし●一《ひとつ》には一切《いッさい》の神明《しんめい》とまうす《モオス》は●本地《ほんじ》は佛菩薩《ぶツぼさツ》の變化《へんげ》にてましませども●この界《かい》の衆生《しゆじよう》をみるに●佛菩薩《ぶツぼさツ》には○すこしちかづきにくゝ《く》おもふ《オ》あひ《イ》だ●神明《しんめい》の方便《ほうべん》に○かりに神《かみ》とあらはれ《ワ》て●衆生《しゆじよう》に縁《えん》をむすびて●そのちからをもて《モツテ》たよりとして●ついに佛法《ぶツぽう》にすゝ《す》めいれんがためなり●これすなはち《ワ》●和光同塵《わこうどうじん》は結縁《けちえん》のはじめ●八相成道《はツそうじようどう》は《ワ》利物《りもツ》のを《オ》は《ワ》りといへ《エ》るはこのこゝ《こ》ろなり●さればいまの世《よ》の衆生《しゆじよう》●佛法《ぶツぽう》を信《しん》じ念佛《ねんぶツト》をもまうさん《モオサン》人《ひと》をば●神明《しんめい》

はあながちにわが本意《ほんに》とおぼしめすべし●このゆへ《エ》に弥《み》陀《だ》一佛《いちぶッ》の悲願《ひがん》に歸《き》すれば●とりわけ神明《しんめい》をあがめず信《しん》ぜねども●そのうちにおなじく信《しん》ずるこゝ《こ》ろはこもれるゆへ《エ》なり●

二《ふたつ》には諸佛菩薩《しょぶッぼさッ》とまうす《モオス》は●神明《しんめい》の本地《ほんじ》なれば●いまのときの衆生《しゅじょう》は●阿弥陀如来《あみだにょらい》を信《しん》じ念佛《ねんぶッ》まうせ《モオセ》ば●一切《いッさい》の諸佛菩薩《しょぶッぼさッ》は《タ》●わが本師阿弥陀如來《ほんしあみだにょらい》を信《しん》ずるに●そのいは《ワ》れあるにより《ッ》て●わが本懐《ほんがい》とおぼしめすがゆへ《エ》に○別《べッ》して諸佛《しょぶット》をとりわき信《しん》ぜねども●阿弥陀佛一佛《あみだぶッいちぶット》を信《しん》じたて

まつるうちに●一切《いッさい》の諸佛《しょぶッ》も菩薩《ぼさッ》もみなことぐ《ごと》くこもれるがゆへに●たゞ阿弥陀如来《あみだにょらい》を●一心一向《いッしんいッこう》に歸命《きみょう》すれば●一切《いッさい》の諸佛《しょぶッ》の智慧《ちえ》も功徳《くどく》も●弥陀一躰《みだいッたい》に歸《き》せずといふことなきいはれなればなりとしるべし●

三《みっ》には○諸宗諸法《しょしゅうしょほう》を誹謗《ひほう》すること○おほきなるあやまりなり●そのいはれすでに淨土《じょうど》の三部經《さんぶきょう》にみえたり●また諸宗《しょしゅう》の學者《がくしゃ》も●念佛者《ねんぶッしゃ》をばあながちに誹謗《ひほう》すべからず●自宗他宗《じしゅうたしゅう》ともに●そのとがのがれがたきこと○道理必然《どうりひつぜん》せり●

四《よっ》には○守護《しゅご》地頭《じとう》にをい《オ》ては●かぎりある年貢《ねんぐ》所當《しょとう》をねんごろに沙汰《さた》し●そのほか仁義《じんぎ》をもて《モッテ》本《ほん》とすべし●五《いつつ》には○國《くに》の佛《ツ》法《ぶっぽう》の次第《しだい》●當流《とうりゅう》の正義《しょうぎ》にあらざるあひ《イ》だ●かつ《カツウ》は邪見《じゃけん》にみえたり●所詮《しょせん》自今已後《じこんいご》にをい《オ》ては●當流真實《とうりゅうしんじつ》《ノ》の正義《しょうぎ》をきゝ《き》て●日《ひ》ごろの悪心《あくしん》《ノ》をひるがへ《エ》して●善心《ぜんしん》にを《オ》もむくべきものなり●六《むっ》には○當流真實《とうりゅうしんじつ》《ノ》の念佛《ツ》者《ねんぶっしゃ》といふ《ウ》は●開山《かいさん》のさだめをき《オ》たまへ《エ》る正義《しょうぎ》をよく存知《ぞんじ》して●造悪不善《ぞうあくふぜん》の身《み》ながら●極樂《ごくらく》の往生《おうじょう》をとぐるをもて《モッテ》●宗《しゅう》の本意《ほんに》とすべし●夫《それ》○一流《いちりゅう》

の安心《あんじん》の正義《しょうぎ》のを《オ》もむきといふ《ウ》は●なにのやう《ヨオ》もなく●阿弥陀如来《あみだにょらい》を○一心一向《いッしんいッこう》にたのみたてまつ《ッ》りて●われはあさましき悪業煩悩《あくごうぼんのう》の身《み》なれども●かゝ《か》るいたづ《ズ》らものを本《ほん》とたすけたまへ《エ》る●弥陀願力《みだがんりき》の強縁《ごうえん》なりと●不可思議《ふかしぎ》におもひ《イ》たてまつ《ッ》りて●一念《いちねん》も疑心《ぎしん》なくおもふ《オ》こゝ《こ》ろだにも堅固《けんご》なれば●かならず弥陀《みだ》は无碍《むげ》の光明《こうみょう》をはなち《ッ》て●その身《み》を摂取《せッしゅ》したまふ《タモオ》なり○かやう《ヨオ》に信心決定《しんじんけッじょう》したらんひとは●十人《じゅうにん》は《ナ》十人《じゅうにん》ながら●みなこと〲《ごと》く報土《ほうど》に往生《おうじょう》すべし●このこゝ《こ》ろすなはち《ワ》○他力《たりき》の信心《しんじん》を《ノ》決定《けッじょう》し

たるひとなりといふ《ウ》べし●このうへ《エ》になを《オ》こゝ《こ》ろう《オ》べきやう《ヨオ》は●まことにありがたき阿弥陀如来《あみだにょらい》の●廣大《こうだい》の御恩《ごおん》なりとおもひ《イ》て●その佛《ツ》恩報謝《ぶっとんほうしゃ》のためには●ねてもおきても○たゞ《だ》南无阿弥陀佛《なむあみだぶッ》とばかりとなふ《トノオ》べきなり●されば佛《ツ》このほかには○また後生《ごしょう》のためとてはなにの不足《ふそく》あり《ツ》てか●相傳《そうでん》もなきしらぬえせ法門《ぼうもん》を《ノ》いひ《イ》て●ひとをもまどは《ワ》し●あまさえ《アマッサエ》法流《ほうりゅう》をもけがさんこと●まことにあさましき次第《しだい》にあらずや●よく〱《よく》おもひ《イ》○はからふ《ハカロオ》べきものなり●あなかしこ〱《あなかしこ》

# 文明七年七月十五日

十一

抑《そもそも》○今月《こんがッ》廿八日《にじゅうはちにッタ》は●開山聖人御正忌《かいさんしょうにんごしょうき》として●毎年不闕《まいねんふけッ》にかの知恩報徳《ちおんほうとく》の○御佛事《おんぶッじ》にを《オ》いては●あらゆる國郡《こくぐん》●そのほかいかなる卑劣《ひれつ》のともがらまでも●その御恩《ごおん》をしらざるものは●まことに木石《ぼくせき》にことならんもの歟《か》●これについて愚老《ぐろう》この四五ケ年《しごかねん》のあひ《イ》だは●なにとなく北陸《ほくりく》の山海《さんかい》のかたほとりに居住《きょじゅう》すといへ《エ》ども●はからざるにいまに存命《ぞんめい》せしめ●この當國《とうごく》にこえ●はじめて○今年《こんねん》●

聖人《しょうにん》御正忌《ごしょうき》の報恩講《ほうおんこう》にあひ《イ》たてまつる条《じょう》●まことにもて《モッテ》不《ふ》可《か》思《し》議《ぎ》の宿縁《しゅくえん》●よろこびてもなを《オ》よろこぶべきもの歟《か》●しかれば自國《じこく》他國《たこく》より○來集《らいじゅう》の諸人《しょにん》にを《オ》いて●まづ《ズ》開《かい》山聖人《さんしょうにん》のさだめを《オ》かれし●御掟《おんおきて》のむねをよく存知《ぞんじ》すべし●その御《おん》ことばにいは《ワ》く●たとひ《イ》牛盗人《うしぬすびと》とはよばるとも●佛《ぶッ》《ツ》法者《ぽうしゃ》後世者《ごせしゃ》とみゆるやう《ヨオ》に振《ふる》舞《モオ》べからず●またほかには○仁《じん》義《ぎ》礼《れい》智《ち》信《しん》を《ノ》まもり《ツ》て●王法《おうぼう》をもて《モッテ》さきとし●内《ない》心《しん》にはふかく本願《ほんがん》他力《たりき》の信心《しんじん》を《ノ》本《ほん》とすべきよしを●ねんごろにおほ《オ》せさだめを《オ》かれしところに●近代《きんだい》このごろの

人《ひと》の●佛法《ぶッぽう》しりがほ《オ》の躰《てい》たらくをみを《オ》よぶに●外相《げそう》には佛法《ぶッぽう》を信《しん》ずるよしをひとにみえて●内心《ないしん》にはさらにもて《モッテ》○當流安心《とうりゅうあんじん》の一途《いちず》を決定《けッじょう》せしめたる分《ぶん》なくして●あまさ《アマッサ》へ《エ》相傳《そうでん》もせざる聖教《しょうぎょう》を●わが身《み》の字《じ》ぢからをもて《モッテ》これをよみて●しらぬえせ法門《ぼうもん》をいひ《イ》て●自他《じた》の門徒中《もんとじゅう》を経廻《けいがい》して●虚言《きょごん》をかまへ《エ》●結句本寺《けッくほんじ》よりの成敗《せいばい》と号《こう》して●人《ひと》をたぶろかし○物《もの》をとりて●當流《とうりゅう》の一義《いちぎ》をけがす条《じょう》●真《しん》實々《じッしんじつ》○あさましき次第《しだい》にあらずや●これによりて○今《こん》月廿八日《がッにじゅうはちにち》の御正忌《ごしょうき》●七日《しちにち》の報恩講中《ほうおんこうじゅう》にを《オ》いて●わろき心《しん》

中《じゅう》のとを《オ》りを改悔懺悔《がいけさんげ》《ス》して●を《オ》の〱《おの》正義《しょうぎ》にを《オ》もむかず
は《ス》●たとひ《イ》この七日《しちにち》の報恩講中《ほうおんこうじゅう》にを《オ》いて●足手《あして》をはこび
●人《ひと》まねばかりに○報恩謝徳《ほうおんしゃとく》のためと号《こう》《ス》すとも●さらに
もて《モッテ》なにの所詮《しょせん》もあるべからざるものなり●されば弥陀《みだ》
願力《がんりき》の信心《しんじん》を《ノ》○獲得《ぎゃくとく》せしめたらん人《ひと》のうへ《エ》にを《オ》いてこそ
●佛《ツ》恩報盡《ぶっとんほうじん》とも●また師徳報謝《しとくほうしゃ》なんどともまうす《モオス》ことは
あるべけれ●この道理《どうり》をよく〱《よく》こゝ《こ》ろえて●足手《あして》をも
はこび●聖人《しょうにん》を《ノ》も、を《オ》もんじたてまつらん人《ひと》こそ●真實《しんじつ》《ノ》
に冥慮《みょうりょ》にもあひ《イ》かなひ《イ》●また別《べつ》《ツ》して當月御正忌《とうがつごしょうき》《ノ》の●報《ほう》

恩謝徳《おんしゃとく》の懇志《こんし》にも○ふかくあひ《イ》そなはり《ワ》つべきものなり●あなかしこ〱《あなかしこ》

文明七年十一月廿一日書之

十二

抑《そもそも》○いにしへ《エ》近年《きんねん》このごろのあひ《イ》だに●諸國在々所々《しょこくざいざいしょしょ》にを《オ》いて●隨分《ずいぶん》佛《ぶッ》《ツ》法者《ぽうしゃ》と號《こう》《ス》して●法門《ほうもん》を《ノ》讃嘆《さんだん》し●勸化《かんけ》をいたすともがらのなかにを《オ》いて●さらに眞實《しんじッ》に《ノ》わがこゝ《こ》ろ●當流《とうりゅう》の正義《しょうぎ》にもとづかずとおぼゆるなり●そのゆへ《エ》をいかんといふ《ウ》に●まづ《ズ》かの心中《しんじゅう》におもふ《オ》やう《ヨオ》は●われは

佛法《ぶっぽう》の根源《こんげん》をよくしりがほ《オ》の躰《てい》にて●しかもたれに相傳《そうでん》したる分《ぶん》もなくして●あるひ《イ》は縁《えん》のはし○障子《しょうじ》のそとにて●たゞ自然《じねん》ときゝ《き》とり法門《ぼうもん》の分齊《ぶんざい》をもて《モッテ》●真實《しんじつ》に佛法《ぶっぽう》にそのこゝ《こ》ろざしはあさくして●われよりほかは佛法《ぶっぽう》の次第《しだい》を○存知《ぞんじ》したるもの○なきやう《ヨオ》におもひ《イ》はんべり●これによりて《ツ》○たま〳〵《たま》も當流《とうりゅう》の正義《しょうぎ》を●かたのごとく讃嘆《さんだん》せしむるひとをみては●あながちにこれを偏執《へんじゅう》す●すなは《ワ》ちわれひとりよくしりがほ《オ》の風情《ふぜい》は●第一《だいいち》に○憍《きょう》慢《まん》のこゝ《こ》ろにあらずや●かくのごときの心中《しんじゅう》をもて《モッテ》●諸《しょ》

方《ほう》の門徒中《もんとじゅう》を経廻《けいがい》して●聖教《しょうぎょう》をよみ●あまさへ《アマッサエ》わたくしの儀《ぎ》をもて《モッテ》●本寺《ほんじ》よりのつかひ《イ》と号《こう》《ス》して●人《ひと》をへつらひ《イ》虚言《きょごん》を《ノ》かまへ《エ》●ものをとるばかりなり●これらのひとをば、なにとしてよき佛《ツ》法者《ぶっぽうしゃ》●また聖教《しょうぎょう》よみとはいふ《ウ》べきをや●あさまし〱《あさまし》●なげきてもなを《オ》なげくべきはたゞ《だ》この一事《いちじ》なり●これによりて《ツ》まづ《ズ》○當流《とうりゅう》の義《ぎ》をたて●ひとを勧化《かんけ》せんとおもは《ワ》んともがらにを《オ》いては●その勧化《かんけ》の次第《しだい》をよく存知《ぞんじ》すべきものなり●

夫《それ》○當流《とうりゅう》の他力信心《たりきしんじん》のひととを《オ》りを○すゝ《す》めんとおもは《ワ》

んには●まづ《ズ》宿善《しゅくぜん》无宿善《むしゅくぜん》の機《き》を沙汰《さた》すべし●さればいかにむかしより●當門徒《とうもんと》にその名《な》をかけたるひとなりとも●无宿善《む しゅくぜん》の機《き》は信心《しんじん》を《ノ》とりがたし●まことに宿善《しゅくぜん》開發《かいほッ》の機《き》は○をの《オ》づ《ズ》から信《しん》を《ノ》決定《けッじょう》すべし●されば无宿善《むしゅくぜん》の機《き》のまへ《エ》にを《オ》いては●正雑二行《しょうぞうにぎょう》の沙汰《さた》をするときは●かへり《カエッ》て《テ》誹謗《ひほう》のもとひ《イ》となるべきなり●この宿善《しゅくぜん》无宿善《むしゅくぜん》の道理《どうり》を分別《ふんベッ》せずして●手《て》びろに世間《せけん》のひとをも○はゞ《ば》からず勧化《かんけ》をいたすこと●もて《モッテ》のほかの○當流《とうりゅう》のおきてにあひ《イ》そむけり●されば大經《だいきょう》云《にいわく》○若人无善本《にゃくにんむぜんぼん》●不得聞此經《ふとくもんしきょう》とも

いひ《イ》●若聞此経《にゃくもんしきょう》○信楽受持《しんぎょうじゅじ》●難中之難《なんちゅうしなん》○无過斯難《むかしなん》ともいへ《エ》り●また善導《ぜんどう》は○過去已曽修習此法《かこいそうしゅしゅうしほう》●今得重聞《こんとくじゅうもん》、即生《そくしょう》歓喜《かんぎ》とも釋《しゃく》せり●いづ《ズ》れの経釋《きょうしゃく》によるとも●すでに宿善《しゅくぜん》にかぎれりとみえたり●しかれば宿善《しゅくぜん》の機《き》をまもり《ッ》て●當流《とうりゅう》の法《ほう》をばあたふ《アトオ》べしときこえたり●このを《オ》もむきをくは《ワ》しく存知《ぞんじ》して、ひとをば勧化《かんけ》すべし●ことにまづ《ズ》王法《おうぼう》をもて《モッテ》本《ほん》とし●仁義《じんぎ》をさきとして●世間通途《せけんつうず》の儀《ぎ》に順《じゅん》じて●當流安心《とうりゅうあんじん》を《ノ》ば内心《ないしん》にふかくたくは《ワ》へ《エ》て●外相《げそう》に法《ほう》流《りゅう》のすがたを●他宗他家《たしゅうたけ》にみえぬやう《ヨオ》にふるまふ《フルモオ》べし●

このこゝ《こ》ろをもて《モッテ》當流真實《とうりゅうしんじッ》の正義《しょうぎ》を●よく存知《ぞんじ》せしめたるひとゝとは○なづくべきものなり●あなかしこ〱《あなかしこ》

文明八年正月廿七日

十三

夫《それ》○當流門徒中《とうりゅうもんとじゅう》にを《オ》いて●すでに安心決定《あんじんけッじょう》せしめたらん人《ひと》の○身《み》のうへ《エ》にも●また未決定《みけッじょう》の人《ひと》の●安心《あんじん》をとらんとおもは《ワ》ん人《ひと》も●こゝ《こ》ろう《オ》べき次第《しだい》は●まづ《ズ》ほかには王法《おうぼう》を本《ほん》とし●諸神諸佛菩薩《しょじんしょぶッぼさット》をかろしめず●また諸宗諸法《しょしゅうしょほう》を謗《ほう》ぜず●國《くに》ところにあらば○守護《しゅご》、地頭《じとう》にむきては疎《そ》略《りゃく》なく●かぎりある年貢所當《ねんぐしょとう》をつぶさに沙汰《さた》をいたし●そのほか仁義《じんぎ》をもて《モッテ》本《ほん》とし○また後生《ごしょう》のためには●内心《ないしん》に阿弥陀如來《あみだにょらい》を●一心一向《いッしんいッこう》にたのみたてまつりて《ッ》●自餘《じよ》の雑行雑善《ぞうぎょうぞうぜん》にこゝろ《こ》をばとゞ《ど》めずして●一念《いちねん》も疑心《ぎしん》なく信《しん》じまいらせば●かならず真實《しんじッ》の極樂淨土《ごくらくじょうど》に往生《おうじょう》すべし●このこゝろ《こ》えのとを《オ》りをもて《モッテ》●すなは《ワ》ち弥陀如來《みだにょらい》の他《た》力《りき》の信心《しんじん》をえたる●念佛行者《ねんぶッぎょうじゃ》のすがたとはいふ《ウ》べし●かくのごとく、念佛《ねんぶッ》の信心《しんじん》をとりて《ッ》のうへ《エ》に●なを《オ》おもふ《オ》べきやう《ヨオ》は●さてもかゝ《か》るわれらごときのあさましき●

一生造悪《いッしょうぞうあく》のつみふかき身《み》ながら●ひとたび○一念帰命《いちねんきみょう》の信心《しんじん》を《ノ》を《オ》こせば●佛《ぶッ》の願力《がんりき》により《ッ》て●たやすくたすけたまへ《エ》る●弥陀如来《みだにょらい》の不思議《ふしぎ》にまします●超世《ちょうせ》の本願《ほんがん》の強《ごう》縁《えん》のありがたさよと●ふかくおもひ《イ》たてまつり《ッ》て●その御恩報謝《ごおんほうしゃ》のためには●ねてもさめても○たゞ《だ》念佛《ねんぶッ》ばかりをとなへ《エ》て●かの弥陀如來《みだにょらい》の○佛恩《ぶッとん》を《ノ》報《ほう》じたてまつるべきばかりなり●このうへ《エ》には後生《ごしょう》のために●なにをしりても所用《しょよう》なきところに●ちかごろもて《モッテ》のほか●みな人《ひと》のなにの不足《ふそく》あり《ッ》てか●相傳《そうでん》もなきしらぬくせ法門《ぼうもん》を《ノ》いひ《イ》

て●人《ひと》をもまどは《ワ》し●また无《む》上《じょう》の法流《ほうりゅう》をもけがさんこと●まことにもて《モッテ》あさましき次《し》第《だい》なり●よくよく○おもひ《イ》はから《ハカロ》ふ《オ》べきものなり●あなかしこ〱《あなかしこ》

文明八年七月十八日

## ■四帖目

一

夫《それ》○眞宗念佛《しんしゅうねんぶッ》《ノ》行者《ぎょうじゃ》のなかにを《オ》いて●法義《ほうぎ》について、そのこゝ《こ》ろえなき次第《しだい》これおほ《オ》し●しかるあひ《イ》だ○大概《たいがい》《ス》そのを《オ》もむきをあらは《ワ》しをはりぬ《オワンヌ》●所詮《しょせん》、自今已後《じこんいご》は●同心《どうしん》の行者《ぎょうじゃ》は○このことばをもて《モッテ》本《ほん》とすべし●これについてふたつのこゝ《こ》ろあり●一《ひとッ》《ノ》には○自身《じしん》の往生《おうじょう》すべき安心《あんじん》《ノ》を○まづ《ズ》治定《じじょう》すべし●二《ふたッ》《ノ》には○ひとを勧化《かんけ》せんに●宿善无《しゅくぜんむ》宿善《しゅくぜん》のふたつを分別《ふんべッ》《スツ》して勧化《かんけ》をいたすべし●この道理《どうり》を

心中《しんじゅう》に《ノ》決定《けッじょう》してたもつべし●しかればわが往生《おうじょう》の一段《いちだん》に
を《オ》いては●内心《ないしん》にふかく一念發起《いちねんほッき》《ツ》の信心《しんじん》《ノ》をたくは《ワ》へ《エ》て●
しかも他力佛《たりきぶッ》《ツ》恩《とん》の稱名《しょうみょう》をたしなみ●そのうへ《エ》には○なを《オ》
王法《おうぼう》をさきとし○仁義《じんぎ》を本《ほん》とすべし●また諸佛《しょぶッ》《ノ》菩薩《ぼさッ》《ツ》等《とう》を
疎略《そりゃく》にせず●諸法諸宗《しょほうしょしゅう》を輕賤《きょうせん》せず●たゞ世間通途《せけんつうず》の儀《ぎ》に
順《じゅん》じて●外相《げそう》に當流法義《とうりゅうほうぎ》のすがたを●他宗他門《たしゅうたもん》のひとに
みせざるをもて《モッテ》○當流聖人《とうりゅうしょうにん》のおきてをまもる●真宗念《しんしゅうねん》《ノ》佛《ぶッ》
の行者《ぎょうじゃ》といひつ《ッ》べし●ことに當時《とうじ》このごろは●あながち
に偏執《へんじゅう》すべき○耳《みみ》をそばだて●謗難《ぼうなん》のくちびるをめぐら

すをもて《モッテ》○本《ほん》とする時分《じぶん》たるあひだ《イ》●かたくその用捨《ようしゃ》あるべきものなり●そも〱《そも》○當流《とうりゅう》にたつるところの他力《たりき》の三信《さんしん》《ス》といふ《ウ》は●第十八《だいじゅうはち》の願《がん》に○至心信樂欲生我國《ししんしんぎょうよくしょうがこく》といへ《エ》り●これすなは《ワ》ち○三信《さんしん》《ス》とはいへ《エ》ども○たゞ《だ》弥陀《みだ》をたのむところの行者歸命《ぎょうじゃきみょう》の一心《いッしん》《ツ》なり●そのゆへ《エ》はいかんといふ《ウ》に●宿善開發《しゅくぜんかいほッ》《ノ》の行者《ぎょうじゃ》●一念弥陀《いちねんみだ》に歸命《きみょう》せんとおもふ《オ》こゝ《こ》ろの一念《いちねん》を《オ》こるきざみ●佛《ぶッ》《ノ》の心光《しんこう》かの一念歸命《いちねんきみょう》の行《ぎょう》者《じゃ》を●摂取《せッしゅ》《ツ》したまふ《タモオ》その時節《じせット》《ツ》をさして●至心信樂欲生《ししんしんぎょうよくしょう》の三信《さんしん》《ス》ともいひ《イ》●また○このこゝ《こ》ろを願成就《がんじょうじゅ》の文《もん》には●即《そく》

得往生住不退轉《とくおうじょうじゅうふたいてん》とゝけり●あるひ《イ》はこのくらいを●すなは《ワ》ち真実《しんじッ》《ツ》信心《しんじん》の行人《ぎょうにん》とも●宿因深厚《しゅくいんじんこう》の行者《ぎょうじゃ》とも○平生業《へいぜいごう》成《じょう》の人《ひと》ともいふ《ウ》べし●されば弥陀《みだ》に歸命《きみょう》すといふ《ウ》も●信《しん》心獲得《じんぎゃくとく》すといふ《ウ》も●宿善《しゅくぜん》にあらずといふ《ウ》ことなし●しかれば念佛《ねんぶッ》《ノ》往生《おうじょう》の根機《こんき》は●宿因《しゅくいん》のもよほ《オ》しにあらずは《ス》○われら今度《こんど》の報土《ほうど》往生《おうじょう》は不可《ふか》なりとみえたり●このこゝ《こ》ろを○聖人《しょうにん》の御《おん》ことばには●遇《ぐ》獲信心《ぎゃくしんじん》○遠慶宿縁《おんきょうしゅくえん》とおほ《オ》せられたり●これにより《ツ》て當流《とうりゅう》のこゝ《こ》ろは●人《ひと》を勸化《かんけ》せんとおもふ《オ》とも●宿善《しゅくぜん》无《む》宿善《しゅくぜん》のふたつを分《ス》別《ツ》《ふんべツ》せずは《ス》○いた

づ《ズ》らごとなるべし●このゆへ《エ》に宿善《しゅくぜん》の有无《うむ》の根機《こんき》を○あひ《イ》はかりて《ッ》●人《ひと》をば勧化《かんけ》すべし●しかれば近代《きんだい》○當流《とうりゅう》の佛法者《ぶっぽうしゃ》《ツ》の風情《ふぜい》は●是非《ぜひ》の分別《ふんべつ》《スノ》なく○當流《とうりゅう》の義《ぎ》を荒涼《こうりょう》に讃《さん》嘆《だん》せしむるあひ《イ》だ●真宗《しんしゅう》の正意《しょうい》○このいは《ワ》れによりて《ッ》○あひ《イ》すたれたりときこえたり●かくのごときらの次第《しだい》を○委細《いさい》に存知《ぞんじ》して●當流《とうりゅう》の一義《いちぎ》をば○讃嘆《さんだん》すべきものなり●あなかしこ〱《あなかしこ》

文明九年丁酉正月八日

二

夫《それ》○人間《にんげん》の壽命《じゅみょう》をかぞふ《オ》れば●いまのときの定命《じょうみょう》は五十六歳《ごじゅうろくさい》なり●しかるに當時《とうじ》にを《オ》いて●年《とし》五十六《ごじゅうろく》までいきのびたらん人《ひと》は●まことにもて《モッテ》いかめしきことなるべし●これにより《ツ》て○予《よ》すでに頽齢六十三歳《たいれいろくじゅうさんさい》にせまれり●勘篇《かんべん》すれば年《とし》は○はや七年《しちねん》までいきのびぬ●これにつけても○前業《ぜんごう》の所感《しょかん》なれば●いかなる病患《びょうげん》を《ノ》うけてか○死《し》の縁《えん》にのぞまんとおぼつかなし●これさらにはからざる次第《しだい》なり●ことにもて《モッテ》當時《とうじ》の躰《てい》たらくをみを《オ》よぶに○定《じょう》相《そう》なき時分《じぶん》なれば●人間《にんげん》のかなしさはおもふ《オ》やう《ヨオ》にもな

し●あは《ワ》れ死《し》なばやとおもは《ワ》ゞ《ば》●やがて死《し》なれなん世《よ》にてもあらば●などか今《いま》までこの世《よ》にすみはんべりなん●たゞ《だ》いそぎてもむ《ウ》まれたきは極樂淨土《ごくらくじょうど》●ねがふ《ネゴオ》てもねがひ《イ》えんものは无漏《むろ》の佛《ぶッ》《ツ》躰《たい》なり●しかれば一念歸命《いちねんきみょう》の他力《たりき》安心《あんじん》を《ノ》○佛《ぶッ》《ツ》智《ち》より獲得《ぎゃくとく》せしめん身《み》のうへ《エ》にを《オ》いては●畢《ひッ》《ノ》命爲期《みょういご》まで○佛《ぶッ》《ツ》恩報盡《とんほうじん》のために●稱名《しょうみょう》をつとめんにいたり《ツ》ては●あながちに、なにの不足《ふそく》あり《ツ》てか●先生《ぜんしょう》よりさだまれるところの○死期《しご》をいそがんも○かへ《エ》り《ッ》てを《オ》ろかにまどひ《イ》ぬるかとも、おもひ《イ》はんべるなり●このゆへ《エ》に

●愚老《ぐろう》が身上《しんしょう》《ス》にあて、《て》○かくのごとくおもへり《エ》●たれのひとぐ《びと》もこの心中《しんじゅう》に住《じゅう》すべし●ことにもて《モッテ》この世界《せかい》のならひは《イ》○老少不定《ろうしょうふじょう》にして●電光朝露《でんこうちょうろ》のあだなる身《み》なれば○いまも无常《むじょう》のかぜきたらんことをば●しらぬ躰《てい》にてすぎゆきて●後生《ごしょう》をばかつてねがはず《ワ》●たゞ《だ》今生《こんじょう》をばいつまでも、いきのびんずるやう《ヨオ》にこそおもひ《イ》はんべれ●あさましといふ《ウ》もなを《オ》、をろ《オ》かなり●いそぎ今日《こんにち》より○弥陀如来《みだにょらい》の他力本願《たりきほんがん》《ノ》をたのみ○一向《いっこう》《ツ》に无量寿佛《むりょうじゅぶつ》《ノ》に帰命《きみょう》して●真實報土《しんじつほうど》《ノ》の往生《おうじょう》をねがひ《イ》○稱名念佛《しょうみょうねんぶつ》《ツ》、せしむべき

ものなり●あなかしこく《あなかしこ》

于時文明九年九月十七日俄思出之
間辰尅已前早々書記之訖

信證院　六十三歳

かきをくも　ふでにまかする　ふみなれば
ことばのすえぞ　をかしかりける

三

夫《それ》○當時《とうじ》世上《せじょう》の躰《てい》たらく●いつのころにか落居《らっきょ》すべきとも、おぼえはんべらざる風情《ふぜい》なり●しかるあひだ○諸國《しょこく》往來《おうらい》の通路《つうろ》にいたるまでも●たやすからざる時分《じぶん》なれば●佛《ツ》法世法《ぶっぽうせほう》につけても、千万迷惑《せんばんめいわく》のおりふしなり●これによりて《ツ》○あるひ《イ》は霊佛《れいぶつ》《ノ》、霊社《れいしゃ》、参詣《さんけい》の諸人《しょにん》もなし●これにつけても、人間《にんげん》は《ナ》老少不定《ろうしょうふじょう》ときくときは●いそぎいかなる功徳善根《くどくぜんごん》を《ノ》も修《しゅ》し●いかなる菩提涅槃《ぼだいねはん》を《ノ》もねがふ《ネゴオ》べきことなり●しかるにいまの世《よ》も末《ツ》法濁乱《まっぽうじょくらん》とはいひ《イ》ながら●こゝに阿弥陀如来《こあみだにょらい》の、他力本願《たりきほんがん》は《ナ》●いまの時節《じせつ》《ツ》は《タ》いよいよ不可思議《いよいよふかしぎ》にさかりなり●さればこの廣大《こうだい》の悲願《ひがん》にすがりて《ツ》、在家止住《ざいけしじゅう》のともがらにを《オ》いては●一念《いちねん》の信《しん》心《じん》を《ノ》とり《ッ》て法性常樂《ほッしょうじょうらく》《ツ》の淨刹《じょうせッ》《ノ》に往生《おうじょう》せずは《ス》●まことにもて《モッテ》たからの山《やま》にいり《ッ》て手《て》をむなしくしてかへ《エ》らんにゝたるもの歟《か》●よく〱《よく》こゝ《こ》ろをしづ《ズ》めてこれを案《あん》ずべし●しかれば諸佛《しょぶッ》《ノ》の本願《ほんがん》を《ノ》くは《ワ》しくたづ《ズ》ぬるに●五障《ごしょう》の女人《にょにん》●五逆《ごぎゃく》の悪人《あくにん》を《ノ》ばすくひ《イ》たまふ《タモオ》こと○かなは《ワ》ずときこえたり●これにつけても○阿弥陀如来《あみだにょらい》こそ●ひとり无上殊《むじょうしゅ》勝《しょう》の願《がん》を《ノ》を《オ》こして●悪逆《あくぎゃく》の凡夫《ぼんぶ》●五障《ごしょう》の女質《にょしッ》《ツ》を《ト》ば○われたすくべきといふ《ウ》、大願《だいがん》を《ノ》ばを《オ》こしたまひ《イ》けり●ありがたしといふ《ウ》も○なを《オ》を《オ》ろかなり●これにより《ッ》て●むかし

○釋尊霊鷲山《しゃくそんりょうじゅせん》にまし〱《まし》て●一乗法華《いちじょうほッけ》の妙典《みょうでん》をとかれしとき●提婆《だいば》、阿闍世《あじゃせ》の逆害《ぎゃくがい》をを《オ》こし●釋迦韋提《しゃかいだい》をして○安養《あんにょう》をねがは《ワ》しめたまひ《イ》しにより《ッ》て●かたじけなくも○霊山法華《りょうぜんほッけ》の會座《えざ》を没《もッ》して●王宮《おうぐう》に降臨《ごうりん》して●韋提希夫人《いだいけぶにん》のために○浄土《じょうど》の教《きょう》をひろめまし〱《まッ》しに、より《ッ》て●弥陀《みだ》の本願《ほんがん》このときにあたり《ッ》てさかんなり●このゆへ《エ》に、法華《ほッけ》と念佛《ねんぶッ》と○同時《どうじ》の教《きょう》といへ《エ》ることはこのいは《ワ》れなり●これすなは《ワ》ち○末代《まッだい》の五逆女人《ごぎゃくにょにん》に○安養《あんにょう》の往生《おうじょう》をねがは《ワ》しめんがための方便《ほうべん》に●釋迦《しゃか》、韋提《いだい》○調達《ちょうだッ》、闍世《しゃせ》の五逆《ぎゃく》をつくりて《ッ》●か丶《か》る機《き》なれども不思議《ふしぎ》の本願《ほんがん》に帰《き》すれば●かならず安養《あんにょう》の往生《おうじょう》をとぐるものなりと●しらせたまへ《エ》りとしるべし●あなかしこ〳〵《あなかしこ》

文明九歳九月廿七日　記之

四

夫《それ》○秋《あき》もさり、春《はる》もさりて《ッ》●年月《としつき》をを《オ》くること●昨日《きのう》もすぎ、今日《きょう》もすぐ●いつのまにかは年老《ねんろう》のつもるらんとも●おぼえずしらざりき●しかるにそのうちには○さりとも、あるひ《イ》は花鳥風月《かちょうふうげつ》のあそびにもまじは《ワ》りつらん●

また歡樂苦痛《かんらくくつう》の悲喜《ひき》にも、あひ《イ》はんべりつらんなれども●いまにそれとも○おもひ《イ》いだすこととては、ひとつもなし●たゞ《だ》いたづ《ズ》らにあかし○いたづ《ズ》らにくらして●老《おい》のしらがとなりはてぬる、身《み》のありさまこそかなしけれ●されども今日《きょう》までは●无常《むじょう》のはげしき風《かぜ》にもさそは《ワ》れずして●我身《わがみ》ありがほ《オ》の躰《てい》をつら〱《つら》案《あん》ずるに●たゞ《だ》ゆめのごとし、まぼろしのごとし●いまにを《オ》いては生死出《しょうじしゅッ》《ツ》離《り》の一道《いちどう》ならでは●ねがふ《ネゴオ》べきかたとてはひとつもなく○またふたつもなし●これにより《ツ》て●こゝ《こ》に未來悪世《みらいあくせ》の

○われらごときの衆生《しゅじょう》を●たやすくたすけたまふ《タモオ》阿弥陀《あみだ》如来《にょらい》の○本願《ほんがん》のましますときけば●まことにたのもしくありがたくもおもひ《イ》はんべるなり●この本願《ほんがん》を《ノ》、たゞ《だ》一《いち》念无疑《ねんむぎ》に○至心帰命《ししんきみょう》したてまつれば●わづ《ズ》らひ《イ》もなく○そのとき臨終《りんじゅう》せば往生治定《おうじょうじじょう》すべし●もしそのいのちのびなば一期《いちご》のあひ《イ》だは●佛《ツ》恩報謝《ぶっとんほうしゃ》のために○念佛《ねんぶっ》《ツ》して○畢《ひっ》《ノ》命《みょう》を期《ご》とすべし●これすなは《ワ》ち平生業成《へいぜいごうじょう》のこゝ《こ》ろなるべしと●たしかに聴聞《ちょうもん》せしむるあひ《イ》だ●その《ノ》決定《けつじょう》の信心《しんじん》のとを《オ》り○いまに耳《みみ》のそこに退転《たいてん》せしむることなし●ありがたしといふ《ウ》もなを《オ》を《オ》ろかなるものなり●されば弥《み》陀《だ》如《によ》来《らい》他力本願《たりきほんがん》のたふとさ《トオトサ》○ありがたさのあまり●かくのごとくちにうかむにまかせて●このこゝ《こ》ろを、詠哥《えいか》にいは《ワ》く●

下
ひとたびも●ほとけをたのむこゝ《こ》ろこそ●
まことののりに○かなふ《カノオ》みちなれ●
つみふかく●如来《にょらい》をたのむ身《み》になれば●
のりのちからに○西《にし》へこそゆけ●
法《のり》をきく●みちにこゝ《こ》ろのさだまれば●

南无阿弥陀佛《なむあみだぶ》と○となへ《エ》こそすれ　と●
上我身《わがみ》ながらも本願《ほんがん》の一法《いッぽう》の殊勝《しゅしょう》なるあまり○かくまうし《モオシ》
はんべりぬ●この三首《さんしゅ》の哥《うた》のこゝ《こ》ろは●はじめは一念帰《いちねんき》
命《みょう》の信心決定《しんじんけッじょう》のすがたを、よみはんべり●のちの哥《うた》は○
入正定聚《にゅうしょうじょうじゅ》の益《やく》●必至滅度《ひッしめッど》のこゝ《こ》ろをよみはんべりぬ●次《つぎ》
のこゝ《こ》ろは○慶喜金剛《きょうきこんごう》の信心《しんじん》のうへ《エ》には●知恩報徳《ちおんほうとく》のこ
ゝ《こ》ろをよみはんべりしなり●されば他力《たりき》の信心発得《しんじんほッとく》せし
むるうへ《エ》なれば●せめてはかやう《カヨオ》にくちずさみても●佛《ぶッ》
恩報盡《とんほうじん》のつとめにもや、なりぬべきともおもひ《イ》●又《また》きくひとも宿《しゅく》縁《えん》あらば●などやおなじこゝ《こ》ろに、ならざらんとおもひ《イ》はんべり《ッ》しなり●しかるに●予《よ》すでに七《しッ》《ツ》旬《しゅん》《ス》のよはひ《ワイ》にを《オ》よび●ことに愚《ぐ》闇《あん》无《む》才《さい》の身《み》として●片腹《かたはら》いたくも○かくのごとくしらぬえせ法《ぼう》門《もん》をまうす《モオス》こと●かつは《カツウ》斟《しん》酌《しゃく》をもかへ《エ》りみず●たゞ《だ》本《ほん》願《がん》のひとすぢ《ジ》のたふとさ《トオトサ》ばかりのあまり●卑《ひ》劣《れッ》のこのことの葉《は》を、筆《ふで》にまかせてかきしるしをはりぬ《オワンヌ》●のちにみん人《ひと》、そしりをなさゞ《ざ》れ●これまことに讃《さん》佛《ぶッ》乗《じょう》の縁《えん》●轉《てん》法《ぼう》輪《りん》の因《いん》ともなりはんべりぬべし●あひ《イ》かまへ《エ》て○偏《へん》執《じゅう》をなすこと、ゆめ〳〵《ゆめ》なか

れ●あなかしこあなかしこ《あなかしこ》

于時文明年中丁酉暮冬仲旬之比

於爐邊暫時書記之者也云々

右この書は當所はりの木原邊より九間在家へ佛照寺所用ありて出行のとき路次にてこの書をひろひて當坊へもちきたれり

文明九年十二月二日

五

夫《それ》○中古已來《ちゅうこいらい》●當時《とうじ》にいたるまでも●當流《とうりゅう》の勸化《かんけ》をいた

す●その人数《にんじゅ》のなかにを《オ》いて●さらに宿善《しゅくぜん》の有无《うむ》といふ《ウ》ことをしらずして○勧化《かんけ》をなすなり●所詮自今已後《しょせんじこんいご》にを《オ》いては、このいは《ワ》れを存知《ぞんじ》せしめて●たとひ《イ》聖教《しょうぎょう》をもよみ●また暫時《ざんじ》に法門《ほうもん》を《ノ》いは《ワ》んときも●このこゝ《こ》ろを覺悟《かくご》して●一流《いちりゅう》の法義《ほうぎ》をば讃嘆《さんだん》し●あるひ《イ》はまた○佛《ツ》法聴聞《ぶッぽうちょうもん》のためにとて●人数《にんじゅ》おほ《オ》くあつまりたらんときも●この人数《にんじゅ》のなかにを《オ》いて●もし无宿善《むしゅくぜん》の機《き》やあるらんとおもひ《イ》て●一流《いちりゅう》真實《しんじッ》《ノ》の法義《ほうぎ》を沙汰《さた》すべからざるところに●近《きん》代人々《だいひとびと》の勧化《かんけ》する躰《てい》たらくをみをよ《オ》ぶに●この覺悟《かくご》はなく○たゞ《だ》いづ《ズ》れの機《き》なりともよく勧化《かんけ》せば●などか當流《とうりゅう》の安心《あんじん》にもとづかざらんやう《ヨオ》におもひ《イ》はんべりき●これあやまりとしるべし●かくのごときの次第《しだい》をねんごろに存知《ぞんじ》して●當流《とうりゅう》の勧化《かんけ》をばいたすべきものなり●中古《ちゅうこ》このごろにいたるまで●さらにそのこゝ《こ》ろをえて○うつくしく勧化《かんけ》する人《ひと》なし●これらのを《オ》もむきをよく〱《よく》覺悟《かくご》して●かたのごとくの勧化《かんけ》をばいたすべきものなり●そも〱《そも》今月《こんがッ》《ノ》廿八日《にじゅうはちにッ》《ツ》は《タ》○毎年《まいねん》の儀《ぎ》として懈怠《けだい》なく●開山聖《かいさんしょう》人《にん》の報恩謝徳《ほうおんしゃとく》のために●念佛《ねんぶッ》《ノ》勤行《ごんぎょう》をいたさんと○擬《ぎ》する

人数《にんじゅ》これおほ《オ》し●まことにもて《モッテ》●ながれをくんで本源《ほんげん》を《ノ》たづ《ズ》ぬる道理《どうり》を○存知《ぞんじ》せるがゆへ《エ》なり●ひとへ《エ》にこれ○聖人《しょうにん》の勧化《かんけ》のあまねきがいたすところなり●しかるあひ《イ》だ近年《きんねん》ことのほか●當流《とうりゅう》に讃嘆《さんだん》せざるひが法門《ぼうもん》を《ノ》たて、《て》●諸人《しょにん》を《ノ》まどは《ワ》しめて●あるひ《イ》は○そのところの地頭領《じとうりょう》主《じゅ》にもとがめられ●わが身《み》も悪《ツ》見《あっけん》に住《じゅう》して●當流《とうりゅう》の眞実《しんじッ》《ノ》なる安心《あんじん》のかたも●たゞ《だ》しからざるやう《ヨオ》にみを《オ》よべり●あさましき次第《しだい》にあらずや●かなしむべし、おそるべし●所詮《しょせん》今月《こんがッ》《ノ》報恩講《ほうおんこう》○七《ツ》晝夜《しッちゅうや》のうちにをいて《オ》●各《ツ》々《かッかく》に改悔《がいけ》の心《こころ》ををこして●わが身《み》のあやまれるところの心中《しんじゅう》を○心底《しんてい》にのこさずして●當寺《とうじ》の御影前《ごえいぜん》にを《オ》いて●廻心《えしん》懺悔《さんげ》《ス》して●諸人《しょにん》の耳《みみ》にこれをきかしむるやう《ヨオ》に●毎日毎夜《まいにちまいや》にかたるべし●これすなは《ワ》ち謗法闡提《ほうぼうせんだい》○廻心《えしん》皆往《かいおう》の御釋《おんしゃく》にもあひ《イ》かなひ《イ》●また自信教人信《じしんきょうにんしん》の義《ぎ》にも○相應《そうおう》すべきものなり●しからばまことにこゝ《こ》ろあらん人々《ひとびと》は●この廻《え》心懺悔《しんさんげ》《ス》をきゝ《き》ても●げにもとおもひ《イ》て●おなじく日《ひ》ごろの悪心《あくしん》を《ノ》ひるがへ《エ》して●善心《ぜんしん》になりかへ《エ》る人《ひと》もあるべし●これぞまことに、今月《こんがツ》《ノ》聖人《しょうにん》の御忌《ぎょき》の本懐《ほんがい》にあひ《イ》かなふ《カノオ》

べし●これすなは《ワ》ち○報恩謝徳《ほうおんしゃとく》の懇志《こんし》たるべきものなり

●あなかしこ〱《あなかしこ》

文明十四年十一月廿一日

六

抑《そもそも》○當月《とうがッ》の報恩講《ほうおんこう》は●開山聖人《かいさんしょうにん》の御遷化《ごせんげ》の正忌《しょうき》として●例年《れいねん》の舊儀《きゅうぎ》とす●これにより《ッ》て、遠國近國《えんごくきんごく》の門徒《もんと》のたぐひ《イ》●この時節《じせッ》にあひ《イ》あたり《ッ》て●参詣《さんけい》のこゝ《こ》ろざしをはこび●報謝《ほうしゃ》のまことをいたさんと欲《ほッ》す●しかるあひ《イ》だ毎年《まいねん》七晝夜《しッちゅうや》のあひ《イ》だにを《オ》いて●念佛勤行《ねんぶッごんぎょう》をこらしはげます●

これすなは《ワ》ち、真實信心《しんじつしんじん》の行者《ぎょうじゃ》繁昌《はんじょう》せしむるゆへ《エ》なり●まことにもて《モッテ》○念佛得堅固《ねんぶつとくけんご》の時節到来《じせつとうらい》と、いひ《ッ》つべきものの歟《か》●このゆへ《エ》に一七ケ日《いっしちかにち》の○あひ《イ》だにを《オ》いて●参詣《さんけい》をいたすともがらのなかにを《オ》いて●まことに人《ひと》まねばかりに○御影前《ごえいぜん》へ出仕《しゅっし》をいたすやからこれあるべし●かの仁《じん》躰《たい》にを《オ》いて●はやく○御影前《ごえいぜん》にひざまづ《ズ》いて●廻心懺悔《えしんさんげ》のこゝ《こ》ろをを《オ》こして●本願《ほんがん》の正意《しょうい》に帰入《きにゅう》して●一念發起《いちねんほっき》の眞實信心《しんじつしんじん》をまうく《モオク》べきものなり●それ南无阿弥陀佛《なむあみだぶつ》といふ《ウ》は●すなは《ワ》ちこれ念佛行者《ねんぶつぎょうじゃ》の安心《あんじん》の躰《たい》なりとおもふ《オ》べし●そのゆへ《エ》は、南无《なむ》といふ《ウ》は歸命《きみょう》なり●即是歸命《そくぜきみょう》といふ《ウ》は●われらごときの无善造悪《むぜんぞうあく》の凡夫《ぼんぶ》のうへ《エ》にを《オ》いて●阿弥陀佛《あみだぶッ》《ツ》を《ト》たのみたてまつるこゝ《こ》ろなりとしるべし●そのたのむこゝ《こ》ろといふ《ウ》は○即是《すなわちこれ》阿弥陀佛《あみだぶッ》の《ノ》、衆生《しゅじょう》を●八万四千《はちまんしせん》の大光明《だいこうみょう》のなかに摂取《せッしゅ》《ツ》して●往還二種《おうげんにしゅ》の廻向《えこう》を、衆生《しゅじょう》にあたへ《エ》ましますこゝ《こ》ろなり●されば信心《しんじん》といふ《ウ》も別《ベッ》の《ノ》こゝ《こ》ろにあらず●みな南无阿弥陀佛《なむあみだぶッ》の《ノ》うちにこもりたるものなり●ちかごろは人《ひと》の《ノ》別《ベッ》のことのやう《ヨオ》におもへ《エ》り●これについて諸國《しょこく》にを《オ》いて●當流門人《とうりゅうもんにん》のなかに○おほ《オ》く●祖師《そし》のさだめを《オ》かるゝ《る》ところの●聖教《しょうぎょう》の所判《しょはん》になき○くせ法門《ぼうもん》を《ノ》沙汰《さた》して●法義《ほうぎ》をみだす条《じょう》○もて《モッテ》のほかの次第《しだい》なり●所詮《しょせん》かくのごときのやからにを《オ》いては●あひ《イ》かまへ《エ》て○この一《いッ》《ツ》七《しち》ヶ《か》日《にち》報恩講《ほうおんこう》のうちにあり《ッ》て●そのあやまりをひるがへ《エ》して●正義《しょうぎ》にもとづくべきものなり●一《ひとツ》《ツ》○佛法《ぶッぽう》《ツ》を棟梁《とうりょう》し●かたのごとく坊主分《ぼうずぶん》を《ノ》もちたらん人《ひと》の身上《しんしょう》《ス》にを《オ》いて●いさゝ《さ》かも相承《そうじょう》もせざる●しらぬえせ法門《ぼうもん》を《ノ》もて《モッテ》人《ひと》にかたり●われ物《もの》しりとおもは《ワ》れんためにとて●近代在々所々《きんだいざいざいしょしょ》に繁昌《はんじょう》すと云々《うんぬん》、これ言語道断《ごんごどうだん》の次《し》

第《だい》なり●

一《ひとッ》《ツ》○京都本願寺《きょうとほんがんじ》○御影《ごえい》へ参詣《さんけい》まうす《モオス》身《み》なりといひ《イ》て●いかなる人《ひと》の中《なか》ともいは《ワ》ず●大道大路《だいどうおおじ》にても●また關渡《せきわたり》の船中《せんちゅう》にても、はゞ《ば》からず●佛法《ぶッぽう》《ツ》がたのことを○人《ひと》に顯露《けんろ》にかたること●おほ《オ》きなるあやまりなり●

一《ひとッ》《ツ》○人《ひと》あり《ッ》ていは《ワ》く●我身《わがみ》はいかなる佛法《ぶッぽう》《ツ》を信《しん》ずる人《ひと》ぞと●あひ《イ》たづ《ズ》ぬることありとも●しかと、當流《とうりゅう》の念佛者《ねんぶッしゃ》《ツ》なりとこたふ《コトオ》べからず●たゞ《だ》なに宗《しゅう》ともなき●念佛《ねんぶッ》《ノ》ばかりはたふとき《トオトキ》こと《と》、○存《ぞん》じたるばかりなるものなりと、こたふ《コトオ》べし●これすなは《ワ》ち●當流聖人《とうりゅうしょうにん》のを《オ》しへ《エ》ましますところの●佛《ツ》法者《ぶッぽうしゃ》とみえざる人《ひと》のすがたなるべし●さればこれらのを《オ》もむきをよく《よく》存知《ぞんじ》して●外相《げそう》にそのいろをみせざるをもて《モッテ》●當流《とうりゅう》の正義《しょうぎ》とおもふ《オ》べきものなり●これについて○この兩三年《りょうさんねん》のあひ《イ》だ、報恩講中《ほうおんこうじゅう》にを《オ》いて●衆中《しゅじゅう》としてさだめをく《オ》ところの義《ぎ》●ひとつとして違《い》變《へん》あるべからず●この衆中《しゅじゅう》にを《オ》いて○万一相違《ばんいちそうい》せしむる子細《しさい》これあらば●ながき世《よ》○開山聖人《かいさんしょうにん》の御門徒《ごもんと》たるべからざるものなり●あなかしこ〱《あなかしこ》

# 文明十五年十一月日

七

抑《そもそも》○今月報恩講《こんがッほうおんこう》の事《こと》●例年《れいねん》の舊義《きゅうぎ》として●七日《しちにち》の勤行《ごんぎょう》をいたすところ●いまにその退轉《たいてん》なし●しかるあひ《イ》だ○この時節《じせッ》にあひ《イ》あたり《ッ》て●諸國門葉《しょこくもんにょう》のたぐひ《イ》●報恩謝徳《ほうおんしゃとく》の懇志《こんし》をはこび●稱名念佛《しょうみょうねんぶッ》の本行《ほんぎょう》をつくす●まことにこれ專修專念《せんじゅせんねん》○決定往生《けッじょうおうじょう》の徳《とく》なり●このゆへ《エ》に、諸國參詣《しょこくさんけい》のともがらにを《オ》いて●一味《いちみ》の安心《あんじん》に住《じゅう》する人《ひと》まれなるべしとみえたり●そのゆへ《エ》は、真實《しんじッ》に佛法《ぶッぽう》にこゝ《こ》ろざしはなくして●たゞ《だ》人《ひと》まねばかり●あるひ《イ》は、仁義《じんぎ》までの風情《ふぜい》ならば●まことにもて《モッテ》なげかしき次第《しだい》なり●そのいは《ワ》れいかんといふ《ウ》に●未安心《みあんじん》のともがらは●不審《ふしん》の次第《しだい》をも沙汰《さた》せざるときは●不信《ふしん》のいたりともおぼえはんべれ●さればはるぐ《ばる》と、万里《ばんり》の遠路《えんろ》をしのぎ●又《また》、莫太《ばくたい》《ス》の苦《く》勞《ろう》をいたして●上洛《しょうらく》《ス》せしむるところ○さらにもて《モッテ》その所《しょ》詮《せん》なし●かなしむべしく《かなしむべし》●たゞ《だ》し不宿善《ふしゅくぜん》の機《き》ならば○无用《むよう》といひつ《ツ》べきもの歟《か》●

一《ひとツ》《ツ》○近年《きんねん》は《ナ》佛《ツ》法繁昌《ぶッぽうはんじょう》ともみえたれども●まことにもて《モッテ》坊《ぼう》

主分《ずぶん》の人《ひと》にかぎりて《ツ》●信心《しんじん》のすがた一《ツ》向无沙汰《いッこうぶさた》なりときこえたり●もて《モッテ》のほかなげかしき次第《しだい》なり●

一《ひとツ》《ツ》○すえ〱《ずえ》の門下《もんか》のたぐひ《イ》は●他力《たりき》の信心《しんじん》のとをり《オ》●聴聞《ちょうもん》のともがら○これおほ《オ》きところに●これを坊主《ぼうず》より腹立《ふくりゅう》せしむるよしきこえはんべり●言語道断《ごんごどうだん》の次第《しだい》なり●

一《ひとツ》《ツ》○田舎《いなか》より参詣《さんけい》の面々《めんめん》の身上《しんしょう》《ス》にを《オ》いて●こゝ《こ》ろう《オ》べき旨《むね》あり●そのゆへ《エ》は他人《たにん》の中《なか》ともいは《ワ》ず●また大道路次《だいどうろし》《ス》なんどにても●關屋船中《せきやせんちゅう》をもはゞ《ば》からず●佛法方《ぶッぽうがた》《ツ》の讃嘆《さんだん》を《ノ》すること○勿躰《もッたい》《ツ》なき次第《しだい》なり●かたく停止《ちょうじ》すべきなり●

一《ひとッ》○当流《とうりゅう》の念佛者《ねんぶッしゃ》を●あるひ《イ》は、人《ひと》あり《ッ》てなに宗《しゅう》ぞとあひ《イ》たづ《ズ》ぬることたとひ《イ》ありとも●しかと当宗念佛者《とうしゅうねんぶッしゃ》とこ《コ》た《ト》ふ《オ》べからず●たゞ《だ》なに宗《しゅう》ともなき念佛者《ねんぶッしゃ》なりとこ《コ》た《ト》ふ《オ》べし●これすなは《ワ》ち我《わが》○聖人《しょうにん》のおほ《オ》せを《オ》かゝ《る》ところの●佛法者氣色《ぶッぽうしゃきそく》みえぬふるまひ《イ》なるべし●このをもむきを《オ》、よく〱《よく》存知《ぞんじ》して●外相《げそう》にそのいろを、はたらくべからず●まことにこれ、当流《とうりゅう》の念佛者《ねんぶッしゃ》の○ふるまひ《イ》の正義《しょうぎ》たるべきものなり●

一《ひとッ》○佛法《ぶッぽう》の由来《ゆらい》を●障子《しょうじ》かきごしに聴聞《ちょうもん》して●内心《ないしん》にさ

ぞとたとひ《イ》領解《りょうげ》すといふ《ウ》とも●かさねて人《ひと》にそのを《オ》もむきをよく〳〵《よく》あひ《イ》たづ《ズ》ねて●信心《しんじん》のかたをば治定《じじょう》すべし●そのまゝ《ま》我心《わがこころ》にまかせば●かならず〳〵《かならず》あやまりなるべし●ちかごろこれらの子細《しさい》當時《とうじ》さかんなりと○云々《うんぬん》●一《ひとツ》《ツ》○信心《しんじん》を《ノ》えたるとを《オ》りをば●いくたびも〳〵《いくたびも》人《ひと》にたづ《ズ》ねて●他力《たりき》の安心《あんじん》を《ノ》ば治定《じじょう》すべし●一往聴聞《いちおうちょうもん》しては●かならずあやまりあるべきなり●

右《みぎ》○此六《このろッ》《ツ》ケ條《かじょう》のを《オ》もむき、よく〳〵《よく》存知《ぞんじ》すべきものなり

●近年佛法《きんねんぶッぽう》《ツ》は人《ひと》みな聴聞《ちょうもん》すとはいへ《エ》ども●一往《いちおう》の儀《ぎ》をき

ゝ《き》て●眞實《しんじッ》に信心決定《しんじんけッじょう》の人《ひと》これなきあひ《イ》だ●安心《あんじん》も、うと〱《うと》しきがゆへ《エ》なり●あなかしこ〱《あなかしこ》

文明十六年十一月廿一日

八

抑《そもそも》○今月廿八日《こんがツにじゅうはちにち》の報恩講《ほうおんこう》は○昔年《しゃくねん》よりの流例《るれい》たり●これによりて近國遠國《きんごくえんごく》の門葉《もんにょう》●報恩謝徳《ほうおんしゃとく》の懇志《こんし》を、はこぶところなり●二六時中《にろくじちゅう》の稱名念佛《しょうみょうねんぶッ》、今古退轉《こんこたいてん》なし●これすなは《ワ》ち○開山聖人《かいさんしょうにん》の法流《ほうりゅう》●一天四海《いッてんしかい》の勸化《かんけ》●比類《ひるい》なきがいたすところなり●このゆへ《え》に、七晝夜《しッちゅうや》の時節《じせッ》にあひ《イ》あたり●不法不信《ふほうふしん》の根機《こんき》にを《オ》いては●往生浄土《おうじょうじょうど》の信心《しんじん》●獲得《ぎゃくとく》せしむべきものなり●これしかしながら○今月《こんがツ》《ノ》聖人《しょうにん》の御正忌《ごしょうき》の報恩《ほうおん》たるべし●しからざらんともがらにを《オ》いては●報恩謝徳《ほうおんしゃとく》のこゝ《こ》ろざしなきににたるもの歟《か》●これによりて《ッ》このごろ真宗《しんしゅう》の念佛《ツ》者《ねんぶッしゃ》と号《こう》《ス》するなかに●まことに心底《しんてい》より●當流《とうりゅう》の安心《あんじん》《ノ》決定《けッじょう》なきあひ《イ》だ●あるひ《イ》は名聞《みょうもん》○あるひ《イ》はひとなみに○報謝《ほうしゃ》をいたすよしの風情《ふぜい》これあり●もて《モッテ》のほかしかるべからざる次第《しだい》なり●そのゆへ《エ》は、すでに万里《ばんり》の遠路《えんろ》をしのぎ●莫太《ばくたい》《ス》の辛労《しんろう》をいたして、上《しょう》《ス》

洛《らく》のともがら●いたづ《ズ》らに、名聞《みょうもん》ひとなみの心中《しんじゅう》に住《じゅう》することを●口惜《くちおしき》次第《しだい》にあらずや●すこぶる不足《ふそく》の所存《しょぞん》といひつ《ッ》べし●たゞ《だ》し无宿善《むしゅくぜん》の機《き》にいたり《ッ》ては、ちからを《オ》よばず●しかりといへ《エ》ども○无二《むに》の懺《ス》悔《さんげ》をいたし●一《ツ》心《いっしん》の正念《しょうねん》におもむかば●いかでか○聖人《しょうにん》の御本意《ごほんい》に達《たッ》《ツ》せざらんものをや●

一《ひとッ》《ツ》○諸國参詣《しょこくさんけい》のともがらのなかにを《オ》いて○在所《ざいしょ》をきらは《ワ》ず●いかなる大道大路《だいどうおおじ》●又關屋渡《またせきやわたり》の船中《せんちゅう》にても●さらにそのはゞ《ば》かりなく●佛《ツ》法方《ぶッぽうがた》の次第《しだい》を●顯露《けんろ》に人《ひと》にかたる

こと○しかるべからざる事《こと》●

一《ひとツ》○在々所々《ざいざいしょしょ》にをいて《オ》●當流《とうりゅう》にさらに沙汰《さた》せざる○めづ《ズ》らしき法門《ほうもん》を《ノ》讃嘆《さんだん》し●おなじく宗義《しゅうぎ》になき●おもしろき名目《みょうもく》なんどをつかふ《ツコオ》人《ひと》これおほし《オ》●もて《モッテ》のほかの僻案《へきあん》なり●自今已後《じこんいご》かたく停止《ちょうじ》すべきものなり●

一《ひとツ》○この七ケ日《しちかにち》○報恩講中《ほうおんこうじゅう》にをいて《オ》は●一人《いちにん》ものこらず●信心未定《しんじんみじょう》のともがらは○心中《しんじゅう》をはゞ《ば》からず●改悔懺悔《がいけさんげ》《ス》の心《こころ》ををこ《オ》して●眞《ツ》實信心《しんじッしんじん》を《ノ》獲得《ぎゃくとく》すべきものなり●

一《ひとツ》○もとより、我安心《わがあんじん》のをも《オ》むき●いまだ決《ノ》定《けツじょう》せしむる分《ぶん》もなきあひ《イ》だ●その不審《ふしんノ》をいたすべきところに●心中《しんじゅう》につゝ《つ》みて、ありのまゝ《ま》にかたらざるたぐひ《イ》あるべし●これをせめあひ《イ》たづ《ズ》ぬるところに●ありのまゝ《ま》に心中《しんじゅう》をかたらずして●當場《とうば》をいひ《イ》ぬけんとする人《ひと》のみなり●勿《もッ》《ツ》躰《たい》なき次第《しだい》なり●心中《しんじゅう》をのこさずかたり《ツ》て●眞實《しんじッ》《ツ》信心《しんじん》にもとづくべきものなり●

一《ひとッ》《ツ》○近年佛法《きんねんぶッぽう》《ツ》の棟梁《とうりょう》たる坊主達《ぼうずたち》●我信心《わがしんじん》は《ナ》、きは《ワ》めて不《ふ》足《そく》にて●結句門徒同朋《けッくもんとどうぼう》《ツ》は信心《しんじん》は《ナ》《ノ》決定《けッじょう》するあひ《イ》だ●坊主《ぼうず》の信心不足《しんじんふそく》のよしをまうせ《モオセ》ば●もて《モッテ》のほか腹立《ふくりゅう》せしむる条《じょう》

○言語道断《ごんごどうだん》の次第《しだい》なり●已後《いご》にを《オ》いては○師弟《してい》ともに●

一味《いちみ》の安心《あんじん》に住《じゅう》すべき事《こと》●

一《ひとッ》《ツ》○坊主分《ぼうずぶん》の人《ひと》●ちかごろはことのほか重坏《じゅうはい》のよしそのきこえあり●言語道断《ごんごどうだん》しかるべからざる次第《しだい》なり●あながちに、酒《さけ》をのむ人《ひと》を停止《ちょうじ》せよといふ《ウ》にはあらず●佛法《ぶッぽう》《ツ》につけ、門徒《もんと》につけ●重坏《じゅうはい》なれば、かならずやゝ《や》もすれば●酔狂《すいきょう》のみ出來《しゅッらい》《ツ》せしむるあひ《イ》だしかるべからず●さあらんときは○坊主分《ぼうずぶん》は《ナ》停止《ちょうじ》せられても●まことに興隆佛《こうりゅうぶッ》《ツ》法《ぼう》ともいひつ《ツ》べき歟《か》●しからずは一盞《いッさん》《ツ》にてもしかるべき

歟《か》●これも佛法《ぶッぽう》にこゝ《こ》ろざしのうすきにより《ツ》てのことなれば●これをとゞ《ど》まらざるも道理《どうり》か●ふかく思案《しあん》あるべきものなり●

一《ひとッ》○信心決定《しんじんけッじょう》のひとも●細々《さいさい》に同行《どうぎょう》に會合《かいごう》のときは●あひ《イ》たがひ《イ》に、信心《しんじん》の沙汰《さた》あらば●これすなは《ワ》ち眞宗繁昌《しんしゅうはんじょう》の根元《こんげん》なり●

一《ひとッ》○當流《とうりゅう》の信心《しん》決定《けッじょう》すといふ《ウ》躰《たい》は●すなは《ワ》ち南无阿弥陀《なむあみだ》佛《ぶッ》の○六字《ろくじ》のすがたと、こゝ《こ》ろう《オ》べきなり●すでに善導《ぜんどう》釋《しゃく》していはく《ワ》●言南无者即是歸命《ごんなむしゃそくぜきみょう》●亦是發願廻向之義《やくぜほッがんえこうしぎ》●

言《ごん》阿《あ》弥《み》陀《だ》佛《ぶッ》者《しゃ》、即《そく》是《ぜ》其《ご》行《ぎょう》といへ《エ》り●南《な》无《む》と衆《しゅ》生《じょう》が、弥《み》陀《だ》に歸《き》命《みょう》すれば●阿《あ》弥《み》陀《だ》佛《ぶッ》の、その衆《しゅ》生《じょう》をよくしろしめして●万《まん》善《ぜん》万《まん》行《ぎょう》恒《ごう》沙《じゃ》の功《く》徳《どく》をさづ《ズ》けたまふ《タモオ》なり●このこゝ《こ》ろすなは《ワ》ち○阿《あ》弥《み》陀《だ》佛《ぶッ》即《そく》是《ぜ》其《ご》行《ぎょう》といふ《ウ》こゝ《こ》ろなり●このゆへ《エ》に、南《な》无《む》と歸《き》命《みょう》する機《き》と●阿《あ》弥《み》陀《だ》佛《ぶッ》のたすけまします法《ほう》とが○一《いッ》躰《たい》なるところをさして●機《き》法《ほう》一《いッ》躰《たい》の南《な》无《む》阿《あ》弥《み》陀《だ》佛《ぶッ》とはまうす《モオス》なり●かるがゆへ《エ》に○阿《あ》弥《み》陀《だ》佛《ぶッ》のむかし法《ほう》藏《ぞう》比《び》丘《く》たりしとき●衆《しゅ》生《じょう》佛《ぶッ》にならずはわれも正《しょう》覺《がく》ならじとちかひ《イ》ましますとき●その正《しょう》覺《がく》すでに成《じょう》じたまひ《イ》しすがたこそ●いまの南无阿弥陀佛《なむあみだぶッ》《ノ》なりとこゝ《こ》ろう《オ》べし●これすなは《ワ》ち○われらが往生《おうじょう》のさだまりたる證據《しょうこ》なり●されば他力《たりき》の信心獲得《しんじんぎゃくとく》すといふ《ウ》も●たゞ《だ》この六字《ろくじ》のこゝ《こ》ろなりと○落《ツ》居《らッきょ》すべきものなり●

そも〳〵《そも》○この八《ツ》ケ條《はッかじょう》のを《オ》もむきかくのごとし●しかるあひ《イ》だ、當寺建立《とうじこんりゅう》は●すでに九ケ年《くかねん》にを《オ》よべり●毎年《まいねん》の報恩講中《ほうおんこうじゅう》にを《オ》いて、面々各《ツ》々《めんめんかッかく》に●随分信心決《ノ》定《ずいぶんしんじんけッじょう》のよし○領納《りょうのう》ありといへ《エ》ども、昨日今日《きのうきょう》までも●その信心《しんじん》のを《オ》もむき不同《ふどう》なるあひ《イ》だ○所詮《しょせん》なきもの歟《か》●しかりといへ《エ》ども當年《とうねん》の報恩講中《ほうおんこうじゅう》にかぎり《ッ》て●不信心《ふしんじん》のともがら○今月《こんがッ》報恩講《ほうおんこう》のうちに●早速《そうそく》に真實信心《しんじッしんじん》を獲得《ぎゃくとく》なくば●年々《ねんねん》を経《ふ》といふ《ウ》とも●同篇《どうへん》たるべきやう《ヨオ》にみえたり●しかるあひだ《イ》●愚老《ぐろう》が年齢《ねんれい》すでに七旬《しッしゅん》にあまり《ッ》て●來年《らいねん》の報恩講《ほうおんこう》をも期《ご》しがたき身《み》なるあひ《イ》だ●各々《かッかく》に真實《しんじッ》に決定信《けッじょうしん》をえしめん人《ひと》あらば●一《ひとッ》は《タ》聖人今月《しょうにんこんがッ》の報謝《ほうしゃ》のため●一《ひとつ》は愚老《ぐろう》がこの七八ケ年《しちはッかねん》のあひ《イ》だの本懐《ほんがい》とも○おもひ《イ》はんべるべーきものなり●あなかしこ〱《あなかしこ》

文明十七年十一月廿三日

九

當時《とうじ》このごろ●ことのほかに、疫癘《えきれい》とてひと死去《しきょ》す●これさらに疫癘《えきれい》により《ツ》て●はじめて死《し》するにはあらず●生《うま》れはじめしよりして○さだまれる定業《じょうごう》なり●さのみふかくおどろくまじきことなり●しかれどもいまの時分《じぶん》にあたり《ツ》て死去《しきょ》するときは●さもありぬべきやう《ヨオ》にみなひとおもへ《エ》り●これまことに道理《どうり》ぞかし●このゆへ《エ》に阿弥陀《あみだ》如来《にょらい》のおほ《オ》せられけるやう《ヨオ》は●末代《まッだい》の凡夫《ぼんぶ》●罪業《ざいごう》のわれらたらんもの●つみはいかほどふかくとも○われを一心《いッしん》にたのまん衆生《しゅじょう》をば●かならずすくふ《ウ》べしとおほ《オ》せられたり●かゝ《か》る時《とき》は、いよく《いよ》阿弥陀佛《あみだぶッ》《ツ》を《ト》ふかくたのみまいらせて●極樂《ごくらく》に往生《おうじょう》すべしとおもひ《イ》とり《ッ》て●一《いッ》《ツ》向《こう》一《いッ》《ツ》心《しん》に弥陀《みだ》をたふとき《トオトキ》ことゝ《と》、うたがふ《ウタゴオ》こゝ《こ》ろつゆちりほどももつまじきことなり●かくのごとくこゝ《こ》ろえのうへ《エ》には●ねてもさめても、南无阿弥陀佛《なむあみだぶ》《ノ》く《なむあみだぶッ》《ツ》とまうす《モオス》は●か《カ》やう《ヨオ》にやすくたすけましますう●御《おん》ありがたさ、御《おん》うれしさをまうす《モオス》○御礼《おんれい》のこゝ《こ》ろなり●これをすなは《ワ》ち○佛《ぶッ》《ツ》恩《とん》報謝《ほうしゃ》の念佛《ねんぶッ》《ツ》とはまうす《モオス》なり●あなかしこく《あなかしこ》

延徳四年六月日

十

いまの世《よ》にあらん女人《にょにん》は《ナ》●みなく《みな》こゝ《こ》ろを一《ひとつ》にして●阿弥陀如來《あみだにょらい》をふかくたのみたてまつるべし●そのほかには、いづ《ズ》れの法《ほう》を信《しん》ずといふ《ウ》とも●後生《ごしょう》のたすかるといふ《ウ》こと●ゆめく《ゆめ》あるべからずとおもふ《オ》べし●されば、弥陀《みだ》をばなにとやう《ヨオ》にたのみ●また後生《ごしょう》をばなにとねが《ネゴ》ふ《オ》べきぞといふ《ウ》に●なにのわづ《ズ》らひ《イ》もなく●たゞ《だ》一《ツ》心《いっしん》に弥陀《みだ》をたのみ●後生《ごしょう》たすけたまへ《エ》と○ふかくたのみ申《モオ》さん人《ひと》をば●かならず御《おん》たすけあらんことは●さらく《さら》つゆほどもうたがひ《イ》あるべからざるものなり●このうへ《エ》には、はやしかと御《おん》たすけあるべきことの○ありがたさよとおもひ《イ》て●佛恩報謝《ぶッとんほうしゃ》のために○念佛《ねんぶッ》申《モオ》すべきばかりなり●あなかしこ〱《あなかしこ》

八十三歳 御判

十一

南无阿弥陀佛《なむあみだぶッ》と申《モオス》は○いかなる心《こころ》にて候《ソオロオ》や●然者《しかれば》何《なに》と弥陀《みだ》をたのみて●報土往生《ほうどおうじょう》をばとぐべく候哉《ソオロオや》らん●これを心得《こころオ》べきやう《ヨオ》は●まづ《ズ》南无阿弥陀佛《なむあみだぶッ》の六字《ろくじ》のすがたを●よく〱《よく》心得《こころえ》わけて弥陀《みだ》をばたのむべし●抑《そもそも》○南无阿弥《なむあみ》

陀《だ》佛《ぶッ》の躰《たい》は●すなはち《ワ》我等《われら》衆生《しゅじょう》の後生《ごしょう》たすけたまへ《エ》とたのみ申心《モオスこころ》なり●すなはち《ワ》たのむ衆生《しゅじょう》を●阿弥陀如来《あみだにょらい》のよくしろしめして●すでに无上大利《むじょうだいり》の功徳《くどく》をあたへ《エ》ましますなり●これを衆生《しゅじょう》に廻向《えこう》したまへ《エ》るといへ《エ》るはこの心《こころ》なり●されば弥陀《みだ》をたのむ機《き》を●阿弥陀佛《あみだぶッ》のたすけたま《タモ》ふ《オ》法《ほう》なるがゆへ《エ》に●これを、機法一躰《きほういッたい》の○南无阿弥陀佛《なむあみだぶッ》といへ《エ》るはこのこゝ《こ》ろなり●これすなはち《ワ》我等《われら》が往生《おうじょう》のさだまりたる●他力《たりき》の信心《しんじん》なりとは心《こころ》得《オ》べき者《もの》なり●あなかしこく《あなかしこ》

# 明應六年五月廿五日書之訖 八十三歳



十三

抑《そもそも》○毎月兩度《まいがツりょうど》の寄合《よりあい》の由來《ゆらい》は●なにのためぞといふ《ウ》に○さらに他《た》のことにあらず●自身《じしん》の往生極樂《おうじょうごくらく》の、信心《しんじん》○獲《ぎゃく》得《とく》のためなるがゆへ《エ》なり●しかれば往古《おうご》よりいまにいたるまでも●毎月《まいがツ》の寄合《よりあい》といふ《ウ》ことは●いづ《ズ》くにもこれありといへ《エ》ども●さらに信心《しんじん》の沙汰《さた》とては、かつてもて《モッテ》これなし●ことに近年《きんねんナ》はいづ《ズ》くにも寄合《よりあい》のときは●たゞ《だ》酒《しゅ》、飯《はん》、茶《ちゃ》、なんどばかりにて○みなく《みな》退散《たいさん》せり●これは佛《ツ》法《ぶッぽう》の本意《ほんに》には○しかるべからざる次第《しだい》なり●いかにも、不信《ふしん》の面々《めんめん》は《ナ》○一段《いちだん》の不審《ふしん》を《ノ》もたて《て》、●信心《しんじん》の有无《うむ》を沙汰《さた》すべきところに●なにの所詮《しょせん》もなく退散《たいさん》せしむる条《じょう》●しかるべからずおぼえはんべり●よく〱《よく》思案《しあん》を《ノ》めぐらすべきことなり●所詮《しょせん》自今已後《じこんいご》にを《オ》いては●不信《ふしん》の面々《めんめん》は《ナ》、あひ《イ》たがひ《イ》に信心《しんじん》の讃嘆《さんだん》あるべきこと肝要《かんにょう》なり●

それ○当流《とうりゅう》の安心《あんじん》のを《オ》もむきといふ《ウ》は●あながちに、わが身《み》の罪障《ざいしょう》のふかきによらず●たゞ《だ》もろ〱《もろ》の雑行《ぞうぎょう》のこゝ《こ》ろをやめて●一《ツ》心《いッしん》に阿弥陀如来《あみだにょらい》に帰命《きみょう》して●今度《こんど》の一大事《いちだいじ》の後生《ごしょう》たすけたまへ《エ》と○ふかくたのまん衆生《しゅじょう》をば●こと〴〵《ごと》くたすけたまふ《タモオ》べきこと○さらにうたがひ《イ》あるべからず●かくのごとくよくこゝ《こ》ろえたる人《ひと》は●まことに百即百生《ひゃくそくひゃくしょう》なるべきなり●このうへ《エ》には、毎月《まいがッ》《ノ》の寄合《よりあい》をいたしても●報恩謝徳《ほうおんしゃとく》のためとこゝ《こ》ろえなば●これこそ眞實《しんじッ》《ノ》の信心《しんじんノ》を具足《ぐそく》せしめたる行者《ぎょうじゃ》とも、なづくべきものなり●あなかしこ〳〵《あなかしこ》

明應七年二月廿五日　書之

毎月兩度講衆中へ

八十四歳

十三

夫《それ》○秋《あき》さり春《はる》さり●すでに當年《とうねん》は《ナ》○明應第七孟夏仲旬《めいおうだいしちもうかちゅうじゅん》ごろになりぬれば●予《よ》が年齢《ねんれい》つもり《ツ》て八十四歳《はちじゅうしさい》ぞかし●しかるに當年《とうねん》にかぎり《ツ》て●ことのほか、病氣《びょうき》にを《オ》かさるゝ《る》あひ《イ》だ●耳目手足身躰《にもくしゅそくしんたい》こゝ《こ》ろやすからざるあひ《イ》だ●これしかしながら業病《ごうびょう》のいたりなり●または往生極樂《おうじょうごくらく》の先相《ぜんそう》なりと○覺悟《かくご》せしむるところなり●これにより《ツ》て○法然《ほうねん》聖人《しょうにん》の御《おん》ことばにいは《ワ》く●淨土《じょうど》をねがふ《ネゴオ》行人《ぎょうにん》は《ナ》●病患《びょうげん》を《ノ》えて、ひとへ《エ》にこれをたのしむとこそおほ《オ》せられたり●しかれども、あながちに病患《びょうげん》を《ノ》よろこぶこゝ《こ》ろさらにも《モッ》て《テ》を《オ》こらず●あさましき身《み》なり○はづ《ズ》べしかなしむべきもの歟《か》●さりながら○予《よ》が安心《あんじん》の一途《いちず》●一念《いちねん》發《ほッ》《ツ》起《き》平生業《へいぜいごう》成《じょう》の宗旨《しゅうし》にを《オ》いては●いま一定《いちじょう》のあひ《イ》だ●佛《ぶッ》《ツ》恩《とん》報盡《ほうじん》の稱《しょう》名《みょう》は●行住坐臥《ぎょうじゅうざが》にわすれざること間断《けんだん》なし●これについて○こゝ《こ》に愚老《ぐろう》一《いッ》《ツ》身《しん》の述《スしゅツ》《ツ》懐《かい》これあり●そのいは《ワ》れは、われら居住《きょじゅう》の○在所々々《ざいしょざいしょ》の門下《もんか》のともがらにを《オ》いては●お《オ》ほよ《ヨ》そ《ソ》心中《しんじゅう》をみを《オ》よぶに●とりつめて信心《しんじん》決《けッ》《ノ》定《じょう》のすがたこれなしとおもひ《イ》はんべり●おほ《オ》きになげきおもふ《オ》ところなり●そのゆへ《エ》は○愚老《ぐろう》すでに八旬《はッしゅん》《ツ》《ス》の齢《よわい》すぐるまで○存命《ぞんめい》せしむるしるしには●信心《しんじん》《ノ》決定《けッじょう》の行者《ぎょうじゃ》繁昌《はんじょう》あり《ツ》てこそ○いのちながきしるしともおもひ《イ》はんべるべきに●さらにしか〳〵《しか》とも、《ノ》決定《けッじょう》せしむるすがたこれなしとみを《オ》よべり●そのいはれ《ワ》をいかんといふ《ウ》に●そも〳〵《そも》人間界《にんげんがい》の○老少不定《ろうしょうふじょう》のことをおもふ《オ》につけても●いかなるやまひ《イ》をうけてか死《し》せんや●かゝ《か》る世《よ》のなかの風情《ふぜい》なれば●いかにも一日《いちにち》も片時《へんし》《ス》も○いそぎて信心《しんじん》《ノ》決定《けッじょう》して●今度《こんど》の往生極樂《おうじょうごくらく》を一定《いちじょう》して●そののち人間《にんげん》のありさまにまかせて●世《よ》をすごすべきこと肝要《かんにょう》なりと○みなく《みな》こゝ《こ》ろう《オ》べし●このを《オ》もむきを心中《しんじゅう》におもひ《イ》いれて●一念《いちねん》に弥陀《みだ》をたのむこゝ《こ》ろを●ふかくを《オ》こすべきものなり●あなかしこく《あなかしこ》

明應七年初夏仲旬第一日

八十四歳老納書之

弥陀の名を　きゝうることの　あるならば
南无阿弥陀佛と　たのめみなひと

十四

一流安心《いちりゅうあんじん》の躰《たい》といふ《ウ》事《こと》●

南无阿弥陀佛《なむあみだぶッ》の六字《ろくじ》のすがたなりとしるべし●この六字《ろくじ》を、善導大師《ぜんどうだいし》釋《しゃく》していは《ワ》く●言南无者即是歸命《ごんなむしゃそくぜきみょう》●亦是發《やくぜほッ》願廻向之義《がんえこうしぎ》●言阿弥陀佛者即是其行《ごんあみだぶッしゃそくぜごぎょう》●以斯義故必得往生《いしぎこひッとくおうじょう》といへ《エ》り●まづ《ズ》南无《なむ》といふ《ウ》二字《にじ》は●すなは《ワ》ち歸命《きみょう》といふ《ウ》こゝ《こ》ろなり●歸命《きみょう》といふ《ウ》は●衆生《しゅじょう》の阿弥陀佛《あみだぶッ》後生《ごしょう》たすけたまへ《エ》と●たのみたてまつるこゝ《こ》ろなり●また發願廻向《ほッがんえこう》といふ《ウ》は●たのむところの衆生《しゅじょう》を、攝取《せッしゅ》してすくひたまふ《イタモオ》こゝ《こ》ろなり●これすなは《ワ》ちやがて阿弥陀佛《あみだぶッ》の四字《しじ》のこゝ《こ》ろなり●さればわれらごときの愚癡闇鈍《ぐちあんどん》の衆生《しゅじょう》は●なにとこゝ《こ》ろをもち●また弥陀《みだ》をばなにとたのむべきぞといふ《ウ》に●もろ〳〵《もろ》の雑行《ぞうぎょう》をすてゝ《て》一《ツ》向一心《いッこういッしん》《ツ》に後生《ごしょう》たすけたまへ《エ》と弥陀《みだ》をたのめば●決《ノ》定極樂《けッじょうごくらく》に往生《おうじょう》すべきこと●さらにそのうたがひ《イ》あるべからず●このゆへ《エ》に南无《なむ》の二字《にじ》は●衆生《しゅじょう》の弥陀《みだ》をたのむ機《き》のかたなり●また阿弥陀佛《あみだぶッ》《ノ》の四字《しじ》は●たのむ衆生《しゅじょう》をたすけたまふ《タモオ》かたの法《ほう》なるがゆへ《エ》に●これすなは《ワ》ち機法一《ツ》躰《きほういッたい》の○南无阿弥陀佛《なむあみだぶッ》《ツ》とまうす《モオス》こゝ《こ》ろなり●この道理《どうり》あるがゆへ《エ》に●われら一《ツ》切衆生《いッさいしゅじょう》の往《おう》

生《じょう》の躰《たい》は●南《な》无《む》阿《あ》弥《み》陀《だ》佛《ぶッ》《ツ》ときこえたり●あなかしこ〳〵《あなかしこ》

明應七年四月日

十五

抑《そもそも》○當國《とうごく》摂《せッ》《ツ》州《しゅう》東成郡《ひがしなりのこおり》●生玉《いくだま》の庄内《しょうない》●大坂《おおざか》といふ《ウ》在所《ざいしょ》は●往古《おうご》よりいかなる約束《やくそく》のありけるにや●さんぬる明應第《めいおうだい》五《ご》の秋《あき》下旬《げじゅん》のころより●かりそめながらこの在所《ざいしょ》をみそめしより●すでにかたのごとく一宇《いちう》の坊舎《ぼうじゃ》を建立《こんりゅう》せしめ●當年《とうねん》は《ナ》や、すでに三年《さんねん》の星霜《せいぞう》をへたりき●これすなは《ワ》ち往昔《おうじゃく》の宿縁《しゅくえん》●あさからざる因縁《いんねん》なりとおぼえはんべりぬ●それについて、この在所《ざいしょ》に居住《きょじゅう》せしむる根元《こんげん》は《ナ》●あながちに一《ツ》生涯《いッしょうがい》をこゝ《こ》ろやすくすごし●榮花榮耀《えいがえいよう》をこのみ●また花鳥風月《かちょうふうげッ》《ノ》にもこゝ《こ》ろをよせず●あは《ワ》れ无上菩《むじょうぼ》提《だい》のためには●信心《ノ》決定《しんじんけッじょう》の行者《ぎょうじゃ》も繁昌《はんじょう》せしめ●念佛《ねんぶッ》《ツ》を《ト》もまうさん《モオサン》ともがらも●出《ツ》来《しゅッらい》せしむるやう《ヨオ》にもあれかしとおもふ《オ》○一念《いちねん》のこゝ《こ》ろざしをはこぶばかりなり●またいさゝ《さ》かも、世間《せけん》の人《ひと》なんども○偏執《へんじゅう》のやからもあり●むつかしき題目《だいもく》なんども出《ツ》來《しゅッらい》あらんときは●すみやかにこの在所《ざいしょ》にを《オ》いて●執心《しゅうしん》のこゝ《こ》ろをやめて○退出《たいしゅッ》《ツ》すべきものなり●これによ り《ツ》ていよ〱《いよ》貴《き》賤《せん》道《どう》俗《ぞく》をえらばず●金《こん》剛《ごう》堅《けん》固《ご》の信《しん》心《じん》を《ノ》決《ノ》《けッ》定《じょう》せしめんこと○まことに弥《み》陀《だ》如《にょ》来《らい》の本《ほん》願《がん》にあひ《イ》かなひ《イ》●別《ツ》《べッ》しては○聖《しょう》人《にん》の御《ご》本《ほん》意《に》にたりぬ《ン》べきもの歟《か》●それについて、愚《ぐ》老《ろう》すでに當《とう》年《ねん》は《ナ》八《はち》十《じゅう》四《し》歳《さい》まで○存《ぞん》命《めい》せしむる条《じょう》不《ふ》思《し》議《ぎ》なり●まことに當《とう》流《りゅう》法《ほう》義《ぎ》にもあひ《イ》かなふ《カノオ》歟《か》のあひ《イ》だ●本《ほん》望《もう》のいたりこれにすぐべからざるもの歟《か》●しかれば○愚《ぐ》老《ろう》當《とう》年《ねん》の夏《なつ》ごろより違《い》例《れい》せしめて●いまにを《オ》いて本《ほん》復《ぶく》のすがたこれなし●ついには當《とう》年《ねん》寒《かん》中《じゅう》には●かならず往《おう》生《じょう》の本《ほん》懐《がい》をとぐべき条《じょう》○一《いち》定《じょう》とおもひ《イ》はんべり●あは《ワ》れ〱《あわれ》存命《ぞんめい》のうちに●みな〱《みな》信《しん》心《じん》ノ決定《けツじょう》あれかしと○朝夕《ちょうせき》おもひ《イ》はんべり●まことに宿善《しゅくぜん》まかせとはいひ《イ》ながら●述懐《スしゅッかい》ツのこゝ《こ》ろしばらくもやむことなし●またはこの在所《ざいしょ》に三年《さんねん》の居住《きょじゅう》をふる○その甲斐《かい》ともおもふ《オ》べし●あひ《イ》かまへ《エ》て〱《あいかまえて》●この一《いッ》ツ七《しち》ケ《か》日《にち》報恩《ほうおん》講《こう》のうちにをい《オ》て○信《しん》心《じん》ノ決定《けツじょう》あり《ッ》て、我人一同《われひといちどう》に●往生《おうじょう》極樂《ごくらく》の本意《ほんに》をとげたまふ《タモオ》べきものなり●あなかしこ〱《あなかしこ》

明應七年十一月廿一日よりはじめて

これをよみて　人々に信をとらすべ

きものなり

## ■ 五帖目

一 末代《まッだい》无智《むち》の○在家《ざいけ》止住《しじゅう》の男女《なんにょ》たらんともがらは●こゝ《こ》ろをひとつにして●阿弥陀佛《あみだぶッ》を《ト》ふかくたのみまいらせて●さらに餘《よ》のかたへこゝ《こ》ろをふらず●一心一向《いッしんいッこう》に佛《ぶッ》たすけたまへ《エ》とまうさん《モオサン》衆生《しゅじょう》をば○たとひ《イ》罪業《ざいごう》は深重《じんじゅう》なりとも●かならず弥陀如来《みだにょらい》はすくひ《イ》ましますべし●これすなは《ワ》ち第十八《だいじゅうはち》の念佛往生《ねんぶッおうじょう》の誓願《せいがん》のこゝ《こ》ろなり●かくのごとく決定《けッじょう》してのうへ《エ》には●ねてもさめても、いのちのあらん

かぎりは●稱名念佛《しょうみょうねんぶッ》すべきものなり●あなかしこ〳〵《あなかしこ》

二

それ○八万《はちまん》の法藏《ほうぞう》をしるといふ《ウ》とも●後世《ごせ》をしらざる人《ひと》を愚者《ぐしゃ》とす●たとひ《イ》一文不知《いちもんふち》の尼入道《あまにゅうどう》なりといふ《ウ》とも●後世《ごせ》をしるを智者《ちしゃ》とすといへ《エ》り●しかれば當流《とうりゅう》のこゝ《こ》ろは●あながちにもろ〳〵《もろ》の聖教《しょうぎょう》をよみ●ものをしり《ッ》たりといふ《ウ》とも●一念《いちねん》の信心《しんじん》のいは《ワ》れをしらざる人《ひと》は●いたづ《ズ》ら事《ごと》なりとしるべし●されば○聖人《しょうにん》の御《おん》ことばにも●一切《いッさい》の男女《なんにょ》たらん身《み》は●弥陀《みだ》の本願《ほんがん》を《ノ》信《しん》ぜずしては●ふ

つとたすかるといふ《ウ》事《こと》あるべからずと○おほ《オ》せられたり

●このゆへ《エ》に、いかなる女人《にょにん》なりといふ《ウ》とも●もろ〱《もろ》の雑行《ぞうぎょう》をすて《て》、●一念《いちねん》に弥陀《みだ》如来《にょらい》今度《こんど》の後生《ごしょう》たすけたまへ《エ》と●ふかくたのみ申《モオ》さん人《ひと》は●十人《じゅうにん》も百人《ひゃくにん》もみなともに●弥陀《みだ》の報土《ほうど》に往生《おうじょう》すべき事《こと》●さら〱《さら》うたがひ《イ》あるべからざるものなり●あなかしこ〱《あなかしこ》

三

夫《それ》○在家《ざいけ》の尼女房《あまにょうぼう》たらん身《み》は●なにのやう《ヨオ》もなく一《いッ》《ツ》心《しん》一《いッ》《ツ》向《こう》に○阿弥陀佛《あみだぶット》《ツ》をふかくたのみまいらせて●後生《ごしょう》たすけ

たまへ《エ》とまうさん《モオサン》ひとをば●みな〱《みな》御《おん》たすけあるべしとおもひ《イ》とり《ッ》て●さらにうたがひ《イ》のこゝ《こ》ろゆめ〱《ゆめ》あるべからず●これすなは《ワ》ち弥陀如来《みだにょらい》の御《おん》ちかひ《イ》の○他力本願《たりきほんがん》とはまうす《モオス》なり●このうへ《エ》には、なを《オ》後生《ごしょう》のたすからんことの●うれしさありがたさをおもは《ワ》ゞ《ば》●たゞ《だ》南无阿弥陀佛《なむあみだぶつ》、〱《なむあみだぶ》と○となふ《トノオ》べきものなり●あなかしこ〱《あなかしこ》

四

抑《そもそも》○男子《なんし》も女人《にょにん》も、罪《つみ》のふかゝ《か》らんともがらは●諸佛《しょぶッ》の悲願《ひがんノ》をたのみても●いまの時分《じぶんナ》は末代悪世《まッだいあくせ》なれば●諸佛《しょぶッ》の御《おん》ちからにては○中々《なかなか》かなは《ワ》ざる時《とき》なり●これにより《ッ》て阿《あ》弥《み》陀《だ》如来《にょらい》と申奉《モオシたてまつ》る は●諸《しょ》佛《ぶッ》《ノ》にすぐれて●十《じゅう》悪《あく》五《ご》逆《ぎゃく》の罪人《ざいにん》を《ノ》●我《われ》たすけんといふ《ウ》大願《だいがん》《ノ》をを《オ》こしま〱《まし》て●阿《あ》弥《み》陀《だ》佛《ぶッ》《ツ》となり給《たま》へ《エ》り●この佛《ぶッ》《ツ》を《ト》ふかくたのみて●一念《いちねん》御《おん》たすけ候《ソオラ》へ《エ》と申《モオ》さん衆生《しゅじょう》を●我《われ》たすけずは《ス》○正覚《しょうがく》ならじとちかひ《イ》ましまます弥《み》陀《だ》なれば●我等《われら》が極樂《ごくらく》に往生《おうじょう》せん事《こと》は、更《さら》にうたがひ《イ》なし●このゆへ《エ》に、一心一向《いッしんいッこう》に○阿《あ》弥《み》陀《だ》如来《にょらい》たすけ給《たま》へ《エ》と○ふかく心《こころ》にうたがひ《イ》なく信《しん》じて●我身《わがみ》の罪《つみ》のふかき事《こと》をばうちすて○佛《ほとけ》にまかせまいらせて●一念《いちねん》の信心《しんじん》さだまらん輩《ともがら》は●十人《じゅうにん》は《ナ》十人《じゅうにん》ながら百人《ひゃくにん》は《ナ》百人《ひゃくにん》ながら○みな浄土《じょうど》に往生《おうじょう》すべき事《こと》○さらにうたがひ《イ》なし●このうへ《エ》にはなを《オ》〱《なお》○たふとく《トオトク》おもひ《イ》たてまつらんこゝ《こ》ろのを《オ》こらん時《とき》は●南无阿弥陀佛《なむあみだぶつ》〱《なむあみだぶ》と○時《とき》をもいは《ワ》ずところをもきらは《ワ》ず、念佛《ねんぶッ》申《モオス》べし●これをすなは《ワ》ち○佛恩報謝《ぶッとんほうしゃ》の念佛《ねんぶッ》と申《モオス》なり●あなかしこ〱《あなかしこ》

五

信心獲得《しんじんぎゃくとく》すといふ《ウ》は●第十八《だいじゅうはち》の願《がん》を《ノ》こゝ《こ》ろう《オ》るなり●この願を《ノ》こゝ《こ》ろう《オ》るといふ《ウ》は●南无阿弥陀佛《なむあみだぶッ》のすがたをこ

ゝ《こ》ろう《オ》るなり●このゆへ《エ》に南无《なむ》と歸命《きみょう》する一念《いちねん》の處《ところ》に●發《ほッ》願《がん》廻《え》向《こう》のこゝ《こ》ろあるべし●これすなは《ワ》ち弥《み》陀《だ》如来《にょらい》の●凡夫《ぼんぶ》に廻《え》向《こう》しましますこゝ《こ》ろなり●これを大經《だいきょう》には○令《りょう》諸衆生《しょしゅじょう》功德《くどく》成就《じょうじゅ》とけり●されば无《む》始《し》已来《いらい》つくりとつくる○悪業《あくごう》煩悩《ぼんのう》をのこるところもなく●願力《がんりき》不思議《ふしぎ》をもて《モッテ》●消滅《しょうめッ》するいは《ワ》れあるがゆへ《エ》に●正定聚《しょうじょうじゅ》不退《ふたい》のくらいに住《じゅう》すとなり●これによりて《ッ》、煩悩《ぼんのう》を断《だん》ぜずして●涅槃《ねはん》をうといへ《エ》るはこのこゝ《こ》ろなり●此義《このぎ》は當流《とうりゅう》一途《いちず》の所談《しょだん》なるものなり●他流《たりゅう》の人《ひと》に對《たい》して○かくのごとく沙汰《さた》ある

べからざる所《ところ》なり●能々《よくよく》こゝ《こ》ろう《オ》べきものなり●あなかしこく《あなかしこ》

六

一念《いちねん》に弥陀《みだ》をたのみたてまつる行者《ぎょうじゃ》には●无上大利《むじょうだいり》の功徳《くどく》をあたへ《エ》たまふ《タモオ》こゝ《こ》ろを●和讃《わさん》に○聖人《しょうにん》のいは《ワ》く●

五濁悪世《ごじょくあくせ》の有情《うじょう》の●選擇本願信《せんじゃくほんがんしん》ずれば●不可稱不可説不《ふかしょうふかせッふ》可思議《かしぎ》の○功徳《くどく》は行者《ぎょうじゃ》の身《み》にみてり●この和讃《わさん》の心《こころ》は●五濁悪世《ごじょくあくせ》の衆生《しゅじょう》といふ《ウ》は●一切我等女人悪人《いッさいわれらにょにんあくにん》の事《こと》なり●

されば、かゝ《か》るあさましき、一生造悪《いッしょうぞうあく》《ツ》の凡夫《ぼんぶ》なれども●弥《み》陀如来《だにょらい》を一心一向《いッしんいッこう》《ツ》《ツ》にたのみまいらせて●後生《ごしょう》たすけ給《たま》へ《エ》とまうさん《モオサン》ものをば●かならずすくひ《イ》ましますべきこと○さらに疑《ウタゴオ》べからず●かやう《カヨオ》に弥陀《みだ》をたのみまうす《モオス》ものには●不可称不可説不可思議《ふかしょうふかせッふかしぎ》《ノ》の●大功徳《だいくどく》をあたへ《エ》ましますなり●不可称不可説不可思議《ふかしょうふかせッふかしぎ》《ノ》の功徳《くどく》といふ《ウ》ことは●かずかぎりもなき大功徳《だいくどく》のことなり●この大功徳《だいくどく》を○一念《いちねん》に弥陀《みだ》をたのみまうす《モオス》我等衆生《われらしゅじょう》に○廻向《えこう》しましますゆへ《エ》に●過去未来現在《かこみらいげんざい》の○三世《さんぜ》の業障《ごッしょう》《ツ》一時《いちじ》につみきえて●正《しょう》定聚《じょうじゅ》のくらい○また等正覺《とうしょうがく》のくらいなんどにさだまるものなり●このこゝ《こ》ろをまた和讃《わさん》にいは《ワ》く●弥陀《みだ》の本願信《ほんがんしん》ずべし●本願信《ほんがんしん》ずるひとはみな●攝《ツ》取不捨《せッしゅふしゃ》の利益《りやく》ゆへ《エ》○等正覺《とうしょうがく》にいたるなりといへ《エ》り●攝《ツ》取不捨《せッしゅふしゃ》といふ《ウ》は●これも一念《いちねん》に弥陀《みだ》をたのみたてまつる衆生《しゅじょう》を●光明《こうみょう》のなかにおさめとり《ツ》て○信《しん》ずるこゝ《こ》ろだにもかは《ワ》らねば●すてたまは《ワ》ずといふ《ウ》こゝ《こ》ろなり●このほかにいろ〳〵《いろ》の法門《ほうもん》どもありといへ《エ》ども●たゞ《だ》一念《いちねん》に弥陀《みだ》をたのむ衆生《しゅじょう》は●みなこと〴〵《ごと》く報土《ほうど》に往生《おうじょう》すべきこと●ゆめ〳〵《ゆめ》うたがふ《ウタゴオ》



五帖目

こゝ《こ》ろあるべからざるものなり●あなかしこ〳〵《あなかしこ》

七

夫《それ》○女人《にょにん》の身《み》は五障三従《ごしょうさんしょう》とて●おとこにまさり《ツ》てかゝ《か》るふかきつみのあるなり●このゆへ《エ》に、一《ツ》切《いっさい》の女人《にょにん》を《ノ》ば○十《ツ》方《じっぽう》にまします諸佛《しょぶつ》《ノ》も●わがちからにては女人《にょにん》を《ノ》ばほとけになしたまふ《タモオ》ことさらになし●しかるに阿弥陀如来《あみだにょらい》こそ○女人《にょにん》を《ノ》ばわれひとりたすけんといふ《ウ》●大願《だいがん》を《ノ》を《オ》こしてすくひ《イ》たまふ《タモオ》なり●このほとけをたのまず《ス》は●女人《にょにん》の身《み》のほとけになるといふ《ウ》ことあるべからざるなり●これによりてなにとこゝ《こ》ろをももち●またなにと阿《あ》弥《み》陀《だ》ほとけをたのみまいらせて●ほとけになるべきぞなれば○なにのやう《ヨオ》もいらず、たゞ《だ》ふたごゝ《こ》ろなく●一《ッ》向《いッこう》に阿《あ》弥《み》陀《だ》佛《ぶッ》《ノ》ばかりをたのみまいらせて●後《ご》生《しょう》たすけたまへ《エ》とおもふ《オ》こゝ《こ》ろひとつにて●やすくほとけになるべきなり●このこゝ《こ》ろのつゆちりほどもうたがひ《イ》なければ●かならずく《かならず》極樂《ごくらく》へまいりて●うつくしきほとけとはなるべきなり●さてこのうへ《エ》にこゝ《こ》ろう《オ》べきやう《ヨオ》は●ときゞ《どき》念佛《ねんぶッ》《ツ》を《ト》まうし《モオシ》て●かゝ《か》るあさましきわれらをやすくたすけまします●阿弥陀如来《あみだにょらい》の御恩《ごおん》の○御《おん》うれしさありがたさを報《ほう》ぜんために●念佛《ねんぶッ》まうす《モオス》べきばかりなりと○こゝ《こ》ろう《オ》べきものなり●あなかしこ〳〵《あなかしこ》

八

それ○五劫思惟《ごこうしゆい》の本願《ほんがん》といふ《ウ》も●兆載永劫《ちょうさいようこう》の修行《しゅぎょう》といふ《ウ》も●たゞ《だ》我等《われら》一切《いッさい》衆生《しゅじょう》を○あながちにたすけ給《たま》は《ワ》んがための方便《ほうべん》に●阿弥陀如来《あみだにょらい》御身労《ごしんろう》あり《ッ》て○南无阿弥陀佛《なむあみだぶッ》といふ《ウ》本願《ほんがん》を《ノ》たてましく〳〵《まし》て●まよひ《イ》の衆生《しゅじょう》の○一念《いちねん》に阿《あ》弥陀佛《みだぶッ》を《ト》たのみまいらせて●もろ〳〵《もろ》の雑行《ぞうぎょう》をすてゝ《て》●

一向一心《いッこういッしん》に弥陀《みだ》をたのまん衆生《しゅじょう》を●たすけずんばわれ正《しょう》覺《がく》ならじとちかひ《イ》給《たま》ひ《イ》て●南无阿弥陀佛《なむあみだぶッ》となりましますべし●これすなは《ワ》ち我等《われら》が●やすく極樂《ごくらく》に往生《おうじょう》すべきいは《ワ》れなりとしるべし●されば南无阿弥陀佛《なむあみだぶッ》の六字《ろくじ》のこゝ《こ》ろは●一切衆生《いッさいしゅじょう》の報土《ほうど》に往生《おうじょう》すべきすがたなり●このゆへ《エ》に南无《なむ》と歸命《きみょう》すれば●やがて阿弥陀佛《あみだぶッ》の○我等《われら》をたすけたまへ《エ》るこゝ《こ》ろなり●このゆへ《エ》に南无《なむ》の二字《にじ》は●衆生《しゅじょう》の弥《み》陀《だ》如来《にょらい》にむかひ《イ》たてまつり《ッ》て●後生《ごしょう》たすけたまへ《エ》とまう《モオ》す《ス》こゝ《こ》ろなるべし●かやう《カヨオ》に弥陀《みだ》をたのむ人《ひと》を、もらさずすくひ《イ》た《タ》ま《モ》ふ《オ》こゝ《こ》ろこそ●阿《あ》弥《み》陀《だ》佛《ぶッ》の四字《しじ》のこゝ《こ》ろにてありけりと、おもふ《オ》べきものなり●これにより《ッ》ていかなる十悪《じゅうあく》五逆《ごぎゃく》●五障《ごしょう》三従《さんしょう》の女人《にょにん》なりとも●もろ〳〵《もろ》の雑行《ぞうぎょう》をすてゝ《て》●ひたすら後生《ごしょう》たすけたまへ《エ》とたのまん人《ひと》をば●たとへ《エ》ば十人《じゅうにん》もあれ、百人《ひゃくにん》もあれ●みなこと〴〵《ごと》くもらさずたすけたまふ《タモオ》べし●このを《オ》もむきをうたがひ《イ》なく信《しん》ぜん輩《ともがら》は●真實《しんじッ》の弥陀《みだ》の浄土《じょうど》に●往生《おうじょう》すべきものなり●あなかしこ〳〵《あなかしこ》

九

當流《とうりゅう》の安心《あんじん》の一義《いちぎ》といふ《ウ》は●たゞ《だ》南无阿弥陀佛《なむあみだぶッ》の六字《ろくじ》のこゝ《こ》ろなり●たとへ《エ》ば南无《なむ》と歸命《きみょう》すれば●やがて阿弥陀《あみだ》佛《ぶッ》の○たすけたまへ《エ》るこゝ《こ》ろなるがゆへ《エ》に●南无《なむ》の二字《にじ》は歸命《きみょう》のこゝ《こ》ろなり●歸命《きみょう》といふ《ウ》は●衆生《しゅじょう》のもろ〱《もろ》の雑行《ぞうぎょう》をすてゝ《て》●阿弥陀佛《あみだぶッ》後生《ごしょう》たすけたまへ《エ》と●一向《いッこう》にたのみたてまつるこゝ《こ》ろなるべし●このゆへ《エ》に衆生《しゅじょう》をもらさず●弥陀如来《みだにょらい》のよくしろしめして●たすけましますこゝ《こ》ろなり●これにより《ッ》て南无《なむ》とたのむ衆生《しゅじょう》を●阿弥陀佛《あみだぶッ》のたすけまします道理《どうり》なるがゆへ《エ》に●南无阿弥陀佛《なむあみだぶッ》の六《ろく》

字《じ》のすがたは●すなは《ワ》ちわれら一《ツ》切衆生《いっさいしゅじょう》の●平等《びょうどう》にたすかりつるすがたなりとしらるゝ《る》なり●されば他力《たりき》の信心《しんじん》を《ノ》うるといふ《ウ》も●これしかしながら、南无阿弥陀佛《なむあみだぶつ》《ノ》の六《ろく》字《じ》のこゝ《こ》ろなり●このゆへ《エ》に一《ツ》切《いっさい》の聖教《しょうぎょう》といふ《ウ》も●たゞ《だ》南无阿弥陀佛《なむあみだぶつ》《ノ》の六字《ろくじ》を●信《しん》ぜしめんがためなりといふ《ウ》こゝ《こ》ろなりと○おもふ《オ》べきものなり●あなかしこ〱《あなかしこ》

十

聖人《しょうにん》、一流《いちりゅう》の御勧化《ごかんけ》のを《オ》もむきは●信心《しんじん》を《ノ》もて《モッテ》本《ほん》とせられ候《ソオロオ》●そのゆへ《エ》は、もろ〱《もろ》の雑行《ぞうぎょう》をなげすてゝ《て》●一《ツ》心《いっしん》に弥陀《みだ》に歸命《きみょう》すれば●不可思議《ふかしぎ》の願力《がんりき》として○佛《ぶッ》《ノ》のかたより往生《おうじょう》は治定《じじょう》せしめたまふ《タモオ》●そのくらいを●一念《いちねん》發《ほッ》《ツ》起《き》入正定之聚《にゅうしょうじょうしじゅ》とも釋《しゃく》し●そのうへ《エ》の稱名念佛《しょうみょうねんぶッ》《ツ》は《タ》●如来《にょらい》わが往生《おうじょう》をさだめたまひ《イ》し●御恩報盡《ごおんほうじん》の念佛《ねんぶッ》《ツ》と○こゝろう《オ》べきなり●あなかしこ〳〵《あなかしこ》

十一

抑《そもそも》○この御正忌《ごしょうき》のうちに●参詣《さんけい》をいたしこゝ《こ》ろざしをはこび●報恩謝徳《ほうおんしゃとく》をなさんとおもひ《イ》て●聖人《しょうにん》の御《おん》まへ《エ》にまいらんひとのなかにを《オ》いて●信心《しんじん》《ノ》を獲得《ぎゃくとく》せしめたるひと

もあるべし●また不信心《ふしんじん》のともがらもあるべし●もて《モッテ》のほかの大事《だいじ》なり●そのゆへ《エ》は信心《しんじん》を《ノ》《ノ》決定《けつじょう》せずは《ス》◯今度《こんど》の報土《ほうど》の往生《おうじょう》は不定《ふじょう》なり●されば不信《ふしん》のひとともすみやかに決《ノ》定《けつじょう》のこゝ《こ》ろをとるべし●人間《にんげん》は《ナ》不定《ふじょう》のさかひ《イ》なり●極《ごく》樂《らく》は常住《じょうじゅう》の國《くに》なり●されば不定《ふじょう》の人間《にんげん》にあらんより《ニョ》も●常住《じょうじゅう》の極樂《ごくらく》をねがふ《ネゴオ》べきものなり●されば當流《とうりゅう》には信心《しんじん》のかたをもて《モッテ》、さきとせられたる●そのゆへ《エ》をよくしらずは《ス》いたづ《ズ》らごとなり●いそぎて安心《あんじん》《ノ》決定《けつじょう》して●淨土《じょうど》の往生《おうじょう》をねがふ《ネゴオ》べきなり●それ人間《にんげん》に流布《るふ》して●みな人《ひと》の

こゝ《こ》ろえたるとを《オ》りは●なにの分別《ふんベッ》《スノ》もなく●くちにたゞ《だ》稱名《しょうみょう》ばかりをとなへ《エ》たらば●極樂《ごくらく》に往生《おうじょう》すべきやう《ヨオ》にお

もへ《エ》り●それはおほ《オ》きにおぼつかなき次第《しだい》なり●他力《たりき》の信心《しんじん》を《ノ》とるといふ《ウ》も別《ベッ》《ノ》のことにはあらず●南无阿弥陀佛《なむあみだぶッ》《ノ》の六《むつ》の字《じ》のこゝ《こ》ろを○よくしりたるをもて《モッテ》○信心決定《しんじんけツじょう》《ノ》す

とはいふ《ウ》なり●そもく《そも》信心《しんじん》の躰《たい》といふ《ウ》は●經《きょう》にいは《ワ》く○聞其名號《もんごみょうごう》、信心歡喜《しんじんかんぎ》といへ《エ》り●善導《ぜんどう》のいは《ワ》く●南无《なむ》といふ《ウ》は歸命《きみょう》●またこれ發願廻向《ほッがんえこう》《ノ》の義《ぎ》なり●阿弥陀佛《あみだぶッ》《ツ》とい

ふは《ワ》、すなはちその行《ぎょう》といへ《エ》り●南无《なむ》といふ《ウ》二字《にじ》のこゝ《こ》



五帖目

ろは○もろ〳〵《もろ》の雑行《ぞうぎょう》をすて、《て》●うたがひ《イ》なく一《ツ》心一《ツ》向《いっしんいっこう》に●阿弥陀佛《あみだぶッ》《ツ》を《ト》たのみたてまつるこゝ《こ》ろなり●さて阿弥《あみ》陀佛《だぶッ》《ツ》といふ《ウ》四《よつ》の字《じ》のこゝ《こ》ろは●一《ツ》心《いっしん》に弥陀《みだ》を歸命《きみょう》する衆《しゅ》生《じょう》を●やう《ヨオ》もなくたすけたまへ《エ》るいは《ワ》れが●すなは《ワ》ち阿《あ》弥陀佛《みだぶッ》《ノ》の四《よつ》の字《じ》のこゝ《こ》ろなり●されば南无阿弥陀佛《なむあみだぶッ》《ノ》の躰《たい》を●かくのごとくこゝ《こ》ろえわけたるを信心《しんじん》《ノ》をとるとはいふ《ウ》なり●これすなは《ワ》ち、他力《たりき》の信心《しんじん》《ノ》をよくこゝ《こ》ろえたる●念佛《ねんぶッ》《ノ》の行者《ぎょうじゃ》とはまうす《モオス》なり●あなかしこ〳〵《あなかしこ》

十二

當流《とうりゅう》の安心《あんじん》のを《オ》もむきを●くは《ワ》しくしらんとおもは《ワ》んひとは●あながちに智慧才覺《ちえさいかく》もいらず●たゞ《だ》わが身《み》はつみふかきあさましきものなりとおもひ《イ》とり《ッ》て●かゝ《か》る機《き》までもたすけたまへ《エ》るほとけは●阿弥陀如来《あみだにょらい》ばかりなりとしり《ッ》て●なにのやう《ヨオ》もなく●ひとすぢ《ジ》に、この阿弥陀《あみだ》ほとけの御袖《おんそで》に●ひしとすがりまいらするおもひ《イ》をなして●後生《ごしょう》をたすけたまへ《エ》とたのみまうせ《モオセ》ば●この阿弥陀如《あみだにょ》来《らい》はふかくよろこびまし〱《まし》て●その御身《おんみ》より八万四千《はちまんしせん》のおほ《オ》きなる光明《こうみょう》をはなち《ッ》て●その光明《こうみょう》のなかにその人《ひと》をおさめいれてを《オ》きたまふ《タモオ》べし●されば このこゝ《こ》ろを經《きょう》には●光明《こうみょう》遍照《へんじょう》十《じっ》《ツ》方《ぽう》世界《せかい》●念佛《ねんぶつ》《ツ》衆生《しゅじょう》攝取《せっしゅ》《ツ》不捨《ふしゃ》とはとかれたりとこゝ《こ》ろう《オ》べし●さてはわが身《み》のほとけにならんずることは●なにのわづ《ズ》らひ《イ》もなし●あら殊勝《しゅしょう》の超世《ちょうせ》の本《ほん》願《がん》や《ニャ》●ありがたの弥陀《みだ》如来《にょらい》の光明《こうみょう》や●この光明《こうみょう》の縁《えん》にあひ《イ》たてまつらず《ス》は●无始《むし》よりこのかたの●无明《むみょう》業《ツ》障《ごっしょう》のおそろしきやまひ《イ》のなほ《オ》るといふ《ウ》ことは●さらにもて《モッテ》あるべからざるものなり●しかるにこの光明《こうみょう》の縁《えん》にもよほ《オ》されて●宿善《しゅくぜん》の機《き》あり《ツ》て●他力信心《たりきしんじん》といふ《ウ》ことをばいます

でにえたり●これしかしながら弥陀如来《みだにょらい》の御《おん》かたより●さづ《ズ》けまし〱《まし》たる信心《しんじん》とは●やがてあらは《ワ》にしられたり●かるがゆへ《エ》に行者《ぎょうじゃ》のを《オ》こすところの信心《しんじん》にあらず●弥陀如来《みだにょらい》他力《たりき》の大信心《だいしんじん》といふ《ウ》ことは●いまこそあきらかにしられたり●これによ り《ツ》てかたじけなくも●ひとたび他力《たりき》の信心《しんじんノ》をえたらん人《ひと》は●みな弥陀如来《みだにょらい》の御恩《ごおんノ》をおもひ《イ》はかり《ツ》て●佛恩報謝《ぶっとんほうしゃ》のために●つねに稱名念佛《しょうみょうねんぶっト》を、ま《モ》う《オ》し《シ》たてまつるべきものなり●あなかしこ〱《あなかしこ》

十三 それ○南无阿弥陀佛《なむあみだぶッ》とまうす《モオス》文字《もじ》は●そのかずわづ《ズ》かに六字《ろくじ》なれば●さのみ功能《くのう》のあるべきともおぼえざるに●この六字《ろくじ》の名號《みょうごう》のうちには●无上甚深《むじょうじんじん》の功徳利益《くどくりやく》の廣大《こうだい》なること●さらにそのきは《ワ》まりなきものなり●されば信心《しんじん》をとるといふ《ウ》も●この六字《ろくじ》のうちにこもれりとしるべし●さらに別《べッ》に信心《しんじん》とて●六字《ろくじ》のほかにはあるべからざるものなり●

抑《そもそも》○この南无阿弥陀佛《なむあみだぶッ》の六字《ろくじ》を●善導釋《ぜんどうしゃく》していは《ワ》く●南《な》无《む》といふ《ウ》は歸命《きみょう》なり●またこれ發願廻向《ほッがんえこう》の義《ぎ》なり●阿弥《あみ》

陀佛《だぶッ》といふ《ウ》はその行《ぎょう》なり●この義《ぎ》をもて《モッテ》のゆへ《エ》に●かならず往生《おうじょう》することをうといへ《エ》り●しかればこの釋《しゃく》のこゝ《こ》ろを●なにとこゝ《こ》ろう《オ》べきぞといふ《ウ》に●たとへ《エ》ば我等《われら》ごとの●悪業煩悩《あくごうぼんのう》の身《み》なりといふ《ウ》とも●一念《いちねん》に阿弥陀佛《あみだぶッ》に歸命《きみょう》せば●かならずその機《き》をしろしめしてたすけたまふ《タモオ》べし●それ歸命《きみょう》といふ《ウ》は●すなは《ワ》ちたすけたまへ《エ》とまうす《モオス》こゝ《こ》ろなり●されば一念《いちねん》に弥陀《みだ》をたのむ衆生《しゅじょう》に●无《む》上大利《じょうだいり》の功徳《くどく》をあたへ《エ》たまふ《タモオ》を●發願廻向《ほッがんえこう》とはまうす《モオス》なり●この發願廻向《ほッがんえこう》の大善大功徳《だいぜんだいくどく》を●われら衆生《しゅじょう》にあたへ《エ》

ましますゆへ《エ》に●无始《むし》曠劫《こうごう》よりこのかた○つくりを《オ》きたる悪業煩悩《あくごうぼんのう》をば●一時《いちじ》に消滅《しょうめッ》したまふ《タモオ》ゆへ《エ》に●われらが煩悩悪業《ぼんのうあくごう》はこと〲《ごと》くみなきえて●すでに正定聚不退轉《しょうじょうじゅふたいてん》なんどいふ《ウ》くらいに住《じゅう》すとはいふ《ウ》なり●このゆへ《エ》に、南《な》无阿弥陀佛《むあみだぶッ》の六字《ろくじ》のすがたは●われらが極樂《ごくらく》に往生《おうじょう》すべきすがたをあらはせ《ワ》るなりと●いよ〱《いよ》しられたるものなり●されば安心《あんじん》といふ《ウ》も信心《しんじん》といふ《ウ》も●この名號《みょうごう》の六《ろく》字《じ》のこゝ《こ》ろを●よ〱《よく》こゝ《こ》ろう《オ》るものを●他力《たりき》の大信《だいしん》心《じん》をえたるひとゝ《と》はなづけたり●かゝ《か》る殊勝《しゅしょう》の道理《どうり》ある

がゆへ《エ》に●ふかく信《しん》じたてまつるべきものなり●あなかしこく《あなかしこ》

十四

それ○一切《いっさい》の女人《にょにん》の身《み》は●人《ひと》しれずつみのふかきこと●上臈《じょうろう》にも下《げ》主《す》にもよらぬあさましき身《み》なりとおもふ《オ》べし●それにつきてはなにとやう《ヨオ》に弥陀《みだ》を信《しん》ずべきぞといふ《ウ》に●なにのわづら《ズ》ひ《イ》もなく●阿弥陀如来《あみだにょらい》をひしとたのみまいらせて●今度《こんど》の一大事《いちだいじ》の後生《ごしょう》たすけたまへ《エ》とまうさ《モオサ》ん《ン》女人《にょにん》を《ノ》ば●あやまたずたすけたまふ《タモオ》べし●さてわが身《み》



五帖目

のつみのふかきことをばうちすてゝ《て》●弥陀《みだ》にまかせまいらせて●たゞ《だ》一心《いッしん》に弥陀如來《みだにょらい》○後生《ごしょう》たすけたまへ《エ》とたのみまうさ《モオサ》ば●その身《み》をよくしろしめして●たすけたまふ《タモオ》べきこととうたがひ《イ》あるべからず●たとへ《エ》ば十人《じゅうにん》あ《ナ》りとも百人《ひゃくにん》ありとも●みなこと〴〵《ごと》く極樂《ごくらく》に往生《おうじょう》すべきこと●さらにそのうたがふ《ウタゴオ》こゝ《こ》ろつゆほどももつべからず●か《カ》やう《ヨオ》に信《しん》ぜん女人《にょにん》は《ナ》淨土《じょうど》にむ《ウ》まるべし●かくのごとくやすきことを●いまゝ《ま》で信《しん》じたてまつらざることのあさましさよとおもひ《イ》て●なを《オ》〳〵《なお》ふかく弥陀如来《みだにょらい》を、たの

みたてまつるべきものなり●あなかしこ〱《あなかしこ》

十五

夫《それ》○弥陀《みだ》如来《にょらい》の本願《ほんがん》とまうす《モオス》は●なにたる機《き》の衆生《しゅじょう》をたすけ給《タモオ》ぞ●又《また》いかやう《ヨオ》に弥陀《みだ》をたのみ●いかやう《ヨオ》に心《こころ》を、もてたすかるべきやらん●まづ《ズ》機《き》をいへ《エ》ば十悪五逆《じゅうあくごぎゃく》の罪人《ざいにん》なりとも●五障三従《ごしょうさんしょう》の女人《にょにん》なりとも●さらにその罪《ざい》業《ごう》の深重《じんじゅう》にこゝ《こ》ろをばかくべからず●たゞ他力《たりき》の大信心《だいしんじん》一《ひとつ》にて●真實《しんじッ》の《ノ》極樂往生《ごくらくおうじょう》をとぐべきものなり●されば
その信心《しんじん》といふ《ウ》は●いかやう《ヨオ》にこゝ《こ》ろをもちて○弥陀《みだ》をば

なにとやう《ヨオ》にたのむべきやらん●それ信心《しんじんノ》をとるといふ《ウ》は●やう《ヨオ》もなく○たゞ《だ》もろもろの雑行《ぞうぎょう》雑《ツ》修自力《ざッしゅじりき》なんどいふ《ウ》●わろき心《こころ》をふりすてゝ《て》●一《ツ》心《いッしん》にふかく弥陀《みだ》に帰《き》することゝ《こ》ろのうたがひ《イ》なきを●真實《ツ》信心《しんじッしんじん》とはまうす《モオス》なり●かくのごとく一《ツ》心《いッしん》にたのみ一《ツ》向《いッこう》にたのむ衆生《しゅじょう》を●かたじけなくも弥陀如来《みだにょらい》はよくしろしめして●この機《き》を光明《こうみょう》をはなち《ツ》て●ひかりの中《なか》におさめを《オ》きまし〱《まし》て●極樂《ごくらく》へ往生《おうじょう》せしむべきなり●これを念佛《ツ》衆生《ねんぶッしゅじょう》を摂《ツ》取《せッしゅ》したまふ《タモオ》といふ《ウ》ことなり●このうへ《エ》にはたとひ《イ》一期《いちご》のあひ《イ》だまうす《モオス》念《ねん》

佛《ぶッ》《ノ》なりとも●佛《ぶッ》《ツ》恩報謝《とんほうしゃ》の念佛《ねんぶッ》《ツ》とこゝ《こ》ろう《オ》べきなり●これを當流《とうりゅう》の信心《しんじんノ》をよくこゝ《こ》ろえたる●念佛行者《ねんぶッぎょうじゃ》《ノ》といふ《ウ》べきものなり●あなかしこ〱《あなかしこ》

十六

夫《それ》○人間《にんげん》の浮生《ふしょう》なる相《そう》をつら〱《つら》觀《かん》ずるに●おほよそ《オヨソ》、はかなきものはこの世《よ》の始中終《しちゅうじゅう》○まぼろしのごとくなる一期《いちご》なり●さればいまだ万歳《まんざい》の人身《にんじんノ》をうけたりといふ《ウ》事《こと》をきかず●一生《いッしょう》《ツ》すぎやすし●いまにいたり《ッ》てたれか百年《ひゃくねん》の形躰《ぎょうたい》をたもつべきや●我《われ》やさき人《ひと》やさき●けふ《キョウ》ともしらずあすともしらず●を《オ》くれさきだつ人《ひと》は●もとのしづ《ズ》くすえの露《つゆ》よりもしげしといへ《エ》り●されば朝《あした》には紅顔《こうがん》ありて《ッ》●夕《ゆうべ》には白骨《はッこッ》となれる身《み》なり●すでに无常《むじょう》の風《かぜ》きたりぬれば●すなは《ワ》ちふたつのまなこたちまちにとぢ《ジ》●ひとつのいきながくたえぬれば●紅顔《こうがん》むなしく變《へん》じて●桃《とう》李《り》のよそほ《オ》ひ《イ》をうしなひ《イ》ぬるときは●六親眷属《ろくしんけんぞく》あつまり《ッ》てなげきかなしめども●更《さら》にその甲斐《かい》あるべからず●さてしもあるべき事《こと》ならねばとて●野外《やがい》にを《オ》くり《ッ》て夜半《よわ》のけふ《ム》りとなしはてぬれば●たゞ白骨《はッこッ》のみぞのこれり●あ

は《ワ》れといふ《ウ》も中〱《なかなか》を《オ》ろかなり●されば人間《にんげん》のはかなき事《こと》は●老少不定《ろうしょうふじょう》のさかひ《イ》なれば●たれの人《ひと》もはやく後生《ごしょう》の一大事《いちだいじ》を心《こころ》にかけて●阿弥陀佛《あみだぶッ》《ツ》を《ト》ふかくたのみまいらせて○念佛《ねんぶッ》まうす《モオス》べきものなり●あなかしこ〱《あなかしこ》

十七

それ○一切《いッさい》《ツ》の女人《にょにん》の身《み》は●後生《ごしょう》を大事《だいじ》におもひ《イ》●佛法《ぶッぽう》《ツ》をたふとく《トオトク》おもふ《オ》心《こころ》あらば●なにのやう《ヨオ》もなく●阿弥陀如来《あみだにょらい》をふかくたのみまいらせて●もろ〱《もろ》の雑行《ぞうぎょう》をふりすてゝ《て》●一心《いッしん》《ツ》に後生《ごしょう》を御《おん》たすけ候へ《ソオラエ》と●ひしとたのまん女《にょ》

人《にん》は《ナ》●かならず極樂《ごくらく》に往生《おうじょう》すべき事《こと》●さらにうたがひ《イ》あるべからず●かやう《カヨオ》におもひ《イ》とり《ッ》てののちは●ひたすら弥陀如来《みだにょらい》の●やすく御《おん》たすけにあづ《ズ》かるべき事《こと》の●ありがたさ、又《また》たふとさ《トオトサ》よとふかく信《しん》じて●ねてもさめても

○南无阿弥陀佛《なむあみだぶつ》く《なむあみだぶ》と●申《モオス》べきばかりなり●これを信心《しんじん》とりたる念佛者《ねんぶっしゃ》とは申《モオ》すものなり●あなかしこく《あなかしこ》

十八

當流聖人《とうりゅうしょうにん》のすゝ《す》めましますは安心《あんじん》といふ《ウ》は●なにのやう《ヨオ》もなく●まづ《ズ》我身《わがみ》のあさましきつみのふかきことをばうち

すてゝ《て》●もろ〳〵《もろ》の雑行雑修《ぞうぎょうざッしゅ》のこゝ《こ》ろをさしを《オ》きて●一《いッ》心《しん》に阿弥陀如来《あみだにょらい》後生《ごしょう》たすけたまへ《エ》と●一念《いちねん》にふかくたのみたてまつらんものをば●たとへ《エ》ば十人《じゅうにん》は《ナ》十人《じゅうにん》●百人《ひゃくにん》は《ナ》百人《ひゃくにん》ながら●みなもらさずたすけたまふ《タモオ》べし●これさらにうたがふ《ウタゴオ》べからざるものなり●かやう《カヨオ》によくこゝ《こ》ろえたる人《ひと》を●信心《しんじん》の行者《ぎょうじゃ》といふ《ウ》なり●さてこのうへ《エ》には●なを《オ》我身《わがみ》の後生《ごしょう》のたすからん事《こと》の●うれしさをおもひ《イ》だされんときは●ねてもさめても○南无阿弥陀佛《なむあみだぶつ》〳〵《なむあみだぶ》と●となふ《トノオ》べきものなり●あなかしこ〳〵《あなかしこ》

十九

それ○末代《まツだい》の悪人女人《あくにんにょにん》たらん輩《ともがら》は●みな〳〵《みな》心《こころ》を一《ひとつ》にして●阿弥陀佛《あみだぶツ》を《ト》ふかくたのみたてまつるべし●そのほかにはいづ《ズ》れの法《ほう》を信《しん》ずといふ《ウ》とも●後生《ごしょう》のたすかるといふ《ウ》事《こと》ゆめ〳〵《ゆめ》あるべからず●しかれば阿弥陀如来《あみだにょらい》をばなにとやう《ヨオ》にたのみ●後生《ごしょう》をばねがふ《ネゴオ》べきぞといふ《ウ》に●なにのわづ《ズ》らひ《イ》もなく●たゞ《だ》一心《いッしん》に阿弥陀如来《あみだにょらい》をひしとたのみ●後生《ごしょう》たすけたまへ《エ》とふかくたのみ申《モオ》さん人《ひと》をば●かならず御《おん》たすけあるべき事《こと》●さら〳〵《さら》うたがひ《イ》あるべからざるものなり●あなかしこ〳〵《あなかしこ》

二十 それ○一切《いッさい》《ツ》の女人《にょにん》たらん身《み》は●弥陀《みだ》如来《にょらい》をひしとたのみ●後生《ごしょう》たすけたまへ《エ》と申《モオ》さん女人《にょにん》を《ノ》ばかならず御《おん》たすけあるべし●さるほどに諸佛《しょぶッ》《ノ》のすてたまへ《エ》る女人《にょにん》を《ノ》●阿弥《あみ》陀《だ》如来《にょらい》ひとり我《われ》たすけずんば●またいづ《ズ》れの佛《ぶッ》《ノ》のたすけたまは《ワ》んぞとおぼしめして●无上《むじょう》の大願《だいがん》を《ノ》を《オ》こして●我《われ》諸佛《しょぶッ》《ノ》にすぐれて女人《にょにん》を《ノ》たすけんとて●五劫《ごこう》があひ《イ》だ思惟《しゆい》し●永劫《ようこう》《ス》があひ《イ》だ修行《しゅぎょう》して●世《よ》にこえたる大願《だいがん》を《ノ》を《オ》こして●女人成佛《にょにんじょうぶッ》《ツ》といへ《エ》る殊勝《しゅしょう》の願《がん》を《ノ》を《オ》こしましますす弥陀《みだ》なり●このゆへ《エ》にふかく弥陀《みだ》をたのみ●後生《ごしょう》たすけたまへ《エ》

と申《モオ》さん女人《にょにん》は《ナ》●みな〱《みな》極樂《ごくらく》に往生《おうじょう》すべきものなり●

あなかしこ〱《あなかしこ》

二十一

当流《とうりゅう》の安心《あんじん》といふ《ウ》は●なにのやう《ヨオ》もなく●もろ〱《もろ》の雑《ぞう》行《ぎょう》雑修《ざッしゅ》のこゝ《こ》ろをすてゝ《て》●わが身《み》はいかなる罪業《ざいごう》ふかくとも●それをば佛《ぶッ》にまかせまいらせて●たゞ一心《いッしん》に阿弥《あみ》陀如來《だにょらい》を●一念《いちねん》にふかくたのみまいらせて●御《おん》たすけさ《ソ》ふらへ《オラエ》とまうさん《モオサン》衆生《しゅじょう》をば●十人《じゅうにん》は《ナ》十人《じゅうにん》●百人《ひゃくにん》は《ナ》百人《ひゃくにん》ながら●こと〱《ごと》くたすけたまふ《タモオ》べし●これさらにうたが《ウタゴ》

ふ《オ》こゝ《こ》ろつゆほどもあるべからず●かやう《カヨオ》に信《しん》ずる機《き》を●安心《あんじん》を《ノ》よく決定《けッじょう》せしめたる人《ひと》とはいふ《ウ》なり●このこゝ《こ》ろをこそ●經釋《きょうしゃく》の明文《めいもん》には●一念《いちねん》發起《ほッき》住正定聚《じゅうしょうじょうじゅ》とも●平《へい》生業成《ぜいごうじょう》の行人《ぎょうにん》ともいふ《ウ》なり●さればたゞ《だ》弥《み》陀《だ》佛《ぶッ》を《ト》一念《いちねん》にふかくたのみたてまつることと●肝要《かんにょう》なりとこゝ《こ》ろう《オ》べし●このほかには弥陀如来《みだにょらい》の●われらをやすくたすけましませる○御恩《ごおん》のふかきことをおもひ《イ》て●行住坐臥《ぎょうじゅうざが》に○つねに念佛《ねんぶッ》を《ト》まうす《モオス》べきものなり●あなかしこ〱《あなかしこ》

二十二 抑《そもそも》 ○ 當流勸化《とうりゅうかんけ》のを《オ》もむきを、くは《ワ》しくしり《ツ》て ●極樂《ごくらく》に往《おう》生《じょう》せんとおもは《ワ》んひとは●まづ《ズ》他力《たりき》の信心《しんじん》といふ《ウ》ことを存知《ぞんじ》すべきなり●それ他力《たりき》の信心《しんじん》といふ《ウ》は、なにの要《よう》ぞといへ《エ》ば●かゝ《か》るあさましきわれらごときの凡夫《ぼんぶ》の身《み》が●たやすく浄土《じょうど》へまいるべき用意《ようい》なり●その他力《たりき》の信心《しんじん》のすがたといふ《ウ》は○いかなることぞといへ《エ》ば●なにのや《ヨ》う《オ》もなく●たゞ《だ》ひとすぢ《ジ》に阿弥陀如来《あみだにょらい》を●一心一向《いッしんいッこう》にたのみたてまつり《ツ》て●たすけたまへ《エ》とおもふ《オ》こゝ《こ》ろの一念《いちねん》を《オ》こるとき●かならず弥陀如来《みだにょらい》の●攝《ツ》取《せッしゅ》の光明《こうみょう》をはなち《ツ》て●その身《み》の娑婆《しゃば》にあらんほどは●この光明《こうみょう》のなかにおさめを《オ》きましますなり●これすなは《ワ》ちわれらが往生《おうじょう》のさだまりたるすがたなり●されば南无阿弥陀佛《なむあみだぶッ》とまうす《モオス》躰《たい》は●われらが他力《たりき》の信心《しんじん》を《ノ》えたるすがたなり●この信心《しんじん》といふ《ウ》は●この南无阿弥陀佛《なむあみだぶッ》の○いは《ワ》れをあらは《ワ》せるすがたなりとこゝ《コ》ろう《オ》べきなり●さればわれらがいまの他《た》力《りき》の信心《しんじん》ひとつをとるによりて●極樂《ごくらく》にやすく往生《おうじょう》すべきことの●さらになにのうたがひ《イ》もなし●あら殊勝《しゅしょう》の弥《み》陀如来《だにょらい》の本願《ほんがん》や●このありがたさの弥陀《みだ》の御恩《ごおん》を《ノ》ば●い

かゞ《が》して報《ほう》じたてまつるべきぞなれば●たゞ《だ》ねてもおきても南《な》无《む》阿《あ》弥《み》陀《だ》佛《ぶッ》《ツ》とゝなへ《エ》て●かの弥《み》陀《だ》如《にょ》来《らい》の佛《ぶッ》《ツ》恩《とん》を《ノ》報《ほう》ずべきなり●されば南《な》无《む》阿《あ》弥《み》陀《だ》佛《ぶッ》《ツ》ととなふる《トノオル》こゝ《こ》ろはいかんぞなれば●阿《あ》弥《み》陀《だ》如《にょ》来《らい》の御《おん》たすけありつる●ありがたさたふとさ《トオトサ》よとおもひ《イ》て●それをよろこびまうす《モオス》こゝ《こ》ろなりと○おもふ《オ》べきものなり●あなかしこ〱《あなかしこ》

# 御《ご》俗《ぞく》姓《しょう》御《お》文《ふみ》

# 凡例

・表記等は本山蔵版にしたがった。

・●で声を切る時には、そのおよそ二字前から音を下げてゆく（二字下げ）。

・〈上ゲル〉の部分では音を上げる。

・文字の左肩に読法上の注意を促すため「ワ」＝「ワル」を付した。

「来ワ集」⇩来集《らいじゅう》の「じゅう」を来ワ集《らいじう》「じう」と一文字ずつ割って発音する。

＊ jyū → ji/u と音を二つに割る。

・その他は『五帖御文』に準ずる。

夫《それ》○祖師聖人《そししょうにん》の俗姓《ぞくしょう》をいへ《エ》ば●藤氏《ふじうじ》として●後《ご》、長岡《ながおか》の丞相《しょうじょう》《ス》、内麿公《うちまろこう》の末孫《ばッそん》《ツ》●皇太后宮《こうたいこぐう》の大進《だいしん》、有範《ありのり》の子《こ》なり●また本地《ほんじ》をたづ《ズ》ぬれば●彌陀如来《みだにょらい》の、化身《けしん》と號《こう》《ス》し●あるひ《イ》は、曇鸞大師《どんらんだいし》の再誕《さいたん》ともいへ《エ》り●しかればすなは《ワ》ち、生年九《しょうねんく》歳《さい》の春《はる》のころ●慈鎮和尚《じちんかしょう》の、門人《もんにん》につらなり●出家得度《しゅッけとくど》《ツ》して●その名《な》を範宴少納言《はんねんしょうなごん》の公《きみ》と號《こう》《ス》す●それよりこのかた●楞嚴横川《りょうごんよかわ》の末流《まッりゅう》《ツ》をつたへ《エ》●天台宗《てんだいしゅう》の碩學《せきがく》となりたまひ《イ》ぬ●そのゝ《の》ち、廿九歳《にじゅうくさい》にして●はじめて、源空聖人《げんくうしょうにん》の禪室《ぜんしッ》《ノ》にまいり●上足《じょうそく》の弟子《でし》となり●真宗一流《しんしゅういちりゅう》をくみ●専《せん》

修専念《じゅせんねん》の義《ぎ》をたて●すみやかに、凡夫直入《ぼんぶじきにゅう》の真心《しんじん》を《ノ》あらは《ワ》し●在家止住《ざいけしじゅう》の愚人《ぐにん》を《ノ》を《オ》しへ《エ》て●報土往生《ほうどおうじょう》をすゝ《す》めましく《まし》けり●

抑《そもそも》○今月《こんがッ》《ノ》廿八日《にじゅうはちにッタ》《ツ》は○祖師聖人《そししょうにん》、遷化《せんげ》の御正忌《ごしょうき》として●毎《まい》年《ねん》を《ノ》いは《ワ》ず、親疎《しんそ》をきらは《ワ》ず●古今《ここん》の行者《ぎょうじゃ》●この御正忌《ごしょうき》を、存知《ぞんじ》せざるともがらあるべからず●これによりて《ツ》●當流《とうりゅう》に、その名《な》をかけ●その信心《しんじん》を《ノ》獲得《ぎゃくとく》したらん行者《ぎょうじゃ》●この御正忌《ごしょうき》をもて《モッテ》●報謝《ほうしゃ》のこゝ《こ》ろざしを、はこばざらん行者《ぎょうじゃ》においては●まことに、もて《モッテ》、木石《ぼくせき》にひとしからんものなり●しかるあひ《イ》だ●かの、御恩徳《ごおんどく》のふかきことは●迷盧八萬《めいろはちまん》のいたゞ《だ》き、蒼溟三千《そうめいさんぜん》のそこに、こえ、すぎたり●報《ほう》ぜず《ス》はあるべからず○謝《しゃ》せずば《ズンバ》あるべからざるもの歟《か》●このゆへ《エ》に、毎年《まいねん》の例時《れいじ》として●一《ツ》七ケ日《いッしちかにち》のあひ《イ》だ●かたのごとく、報恩謝徳《ほうおんしゃとく》のために●无二《むに》の勤行《ごんぎょう》をいたすところなり●この一《ツ》七ケ日《いッしちかにち》、報恩講《ほうおんこう》のみぎりに《ン》あたり《ッ》て●門葉《もんにょう》のたぐひ《イ》○國郡《こくぐん》より来集《らいじう》《ワ》●今《いま》において、その退轉《たいてん》なし●しかりといへ《エ》ども●未安心《みあんじん》の行者《ぎょうじゃ》にいたり《ッ》ては●いかでか報恩謝徳《ほうおんしゃとく》の儀《ぎ》、これあらんや《ニャ》●しかのごときのともがらは●このみぎりに《ン》おいて●佛《ツ》法《ぶッぽう》の信《しん》、不《ふ》信《しん》を《ノ》あひ《イ》たづ《ズ》ねて●これを聴聞《ちょうもん》して●まことの信心《しんじん》《ノ》決定《けッじょう》すべくんば●真實《ツ》真實《しんじッしんじつ》、聖人《しょうにん》、報謝《ほうしゃ》の懇志《こんし》にあひ《イ》かなふ《カノオ》べきものなり●

〈上ゲル〉
あは《ワ》れなるかなや●それ○聖人《しょうにん》の御往生《ごおうじょう》は、年記《ねんき》とほ《オ》くへだゝ《たッ》りて●すでに、一百餘《いちひゃくよ》、歳《さい》の星霜《せいぞう》を、おくるといへ《エ》ども●御遺訓《ごゆいくん》ます〱《ます》さかんにして●教行信證《きょうぎょうしんしょう》の名義《みょうぎ》●いまに眼前《がんぜん》にさへ《エ》ぎり、人口《じんこう》にのこれり●たふとむ《トオトム》べし、信《しん》ずべし●これについて○當時真宗《とうじしんしゅう》の行者《ぎょうじゃ》のなかにおいて●真實信心《しんじつしんじん》を、獲得《ぎゃくとく》せしむるひとこれすくなし●たゞ人目《ひとめ》、仁義《じんぎ》ばかりに●名聞《みょうもん》のこゝ《こ》ろをもて《モッテ》、報謝《ほうしゃ》と號《こう》せば●いかなるこゝ《こ》ろざしをいたすといふ《ウ》とも●一念帰命《いちねんきみょう》の、真實《しんじつ》の信心《しんじん》を決定《けつじょう》せざらん人々《ひとびと》は●その所詮《しょせん》あるべからず●まことに、水《みず》、入《いッ》て、あか、おちずといへ《エ》るたぐひ《イ》なるべき歟《か》●依《よッテ》レ之《これニ》●この一七ヶ日《いッしちかにち》、報恩講中《ほうおんこうじゅう》において●他力本《たりきほん》願《がん》のことはり《ワ》を、ねんごろにき《き》、ひらき●専修一向《せんじゅいッこう》の、念佛《ねんぶッ》の行者《ぎょうじゃ》にならんにいたりて《ッ》は●まことに○今月聖人《こんがッしょうにん》の、御正日《ごしょうにち》の素意《そい》に、あひ《イ》か《カ》な《ノ》ふ《オ》べし●これ、しかしながら●真實《しんじッ》《ツ》々々《しんじつ》●報恩謝徳《ほうおんしゃとく》の御佛事《おんぶつじ》と●なりぬべきものなり●あなかしこ、〱《あなかしこ》

于時文明九年十一月初比

俄為報恩謝徳染翰記之

者也

# 夏《げ》の御文《おふみ》

# 凡　例

・表記、読み等は本山で依用してきたものにしたがった。
・読法は『五帖御文』に準ずる。

一 抑《そもそも》○今日《こんにち》の聖教《しょうぎょう》を聴聞《ちょうもん》のためにとて●皆々《みなみな》これへ《エ》御《おん》よ《ニョ》り候事《ソオロオこと》は●信心《しんじん》の謂《いわれ》をよく〳〵《よく》こゝ《こ》ろえられ候《ソオライ》て●今日《こんにち》よりは御《おん》こゝ《こ》ろをうかく〳〵《うか》と御《おん》もち候《ソオラ》は《ワ》で●きゝ《き》わけられ候《ソオラ》は《ワ》では●なにの所用《しょよう》もなきことにあるべく候《ソオロオ》●そのいは《ワ》れをたゞ《だ》いま申《モオス》べく候《ソオロオ》●御耳《おんみみ》をすまして○よくよくきこしめし候《ソオロオ》べし●

夫《それ》○安心《あんじん》と申《モオス》は●もろ〳〵《もろ》の雑行《ぞうぎょう》をすてゝ《て》●一《ツ》心《いッしん》に彌陀《みだ》如来《にょらい》をたのみ●今度《こんど》のわれらが後生《ごしょう》たすけたまへ《エ》と申《モオス》をこそ●安心《あんじん》を《ノ》《ノ》決定《けッじょう》したる行者《ぎょうじゃ》とは申《モオシ》候《ソオロオ》なれ●このいは《ワ》れ

をしり《ッ》てのうへ《エ》の、佛《ぶッ》《ツ》恩《とん》報《ほう》謝《しゃ》の念佛《ねんぶッ》《ツ》とは申《モオ》すことにて候《ソオロオ》なり●されば、聖人《しょうにん》の和讃《わさん》にも●智慧《ちえ》の念佛《ねんぶッ》《ツ》うることは●法藏願力《ほうぞうがんりき》のなせるなり●信心《しんじん》の智慧《ちえ》にいりてこそ、佛《ぶッ》《ツ》恩報《とんほう》ずる身《み》とはなれと、おほ《オ》せられたり●このこゝ《こ》ろをもて《モッテ》こゝ《こ》ろえられ候《ソオラ》は《ワ》んこと、肝要《かんにょう》にて候《ソオロオ》●それについては、まづ《ズ》、念佛《ねんぶッ》《ノ》の行者《ぎょうじゃ》●南无阿彌陀佛《なむあみだぶッ》《ノ》の名號《みょうごう》をきかば●あは《ワ》、はや、わが往生《おうじょう》は成就《じょうじゅ》しにけり●十《ツ》方衆生往生《じッぽうしゅじょうおうじょう》成就《じょうじゅ》せず《ス》は、正覺《しょうがく》とらじとちかひ《イ》たまひ《イ》し●法藏菩薩《ほうぞうぼさッ》《ノ》の正覺《しょうがく》の果名《かみょう》なるがゆへ《エ》にとおもふ《オ》べしといへ《エ》り●又《また》、極《ごく》樂《らく》といふ《ウ》名《な》をきかば●あは《ワ》、わが往生《おうじょう》すべきところを、成就《じょうじゅ》したまひ《イ》にけり●衆生往生《しゅじょうおうじょう》せず《ス》は、正覚《しょうがく》とらじとちかひ《イ》たまひ《イ》し●法蔵比丘《ほうぞうびく》の成就《じょうじゅ》したまへ《エ》る極樂《ごくらく》よとおもふ《オ》べし●又《また》、本願《ほんがん》を《ノ》信《しん》じ名號《みょうごう》をとなふ《トノオ》とも●餘所《よそ》なる佛《ぶッ》《ノ》の功徳《くどく》とおもひ《イ》て●名號《みょうごう》に功《こう》をいれなば●などか、往生《おうじょう》をとげざらんなんどおもは《ワ》んは《ナ》●かなしかるべき事《こと》なり●ひしと、われらが往生成就《おうじょうじょうじゅ》せし、すがたを●南无阿弥《なむあみ》陀《だ》佛《ぶッ》《ツ》とはいひ《イ》けるといふ《ウ》、信心《しんじん》おこりぬれば●佛《ぶッ》《ツ》躰《たい》すなは《ワ》ち、われらが往生《おうじょう》の行《ぎょう》なるがゆへ《エ》に●一《ツ》聲《いッしょう》のところに往生《おうじょう》を決定《けツじょう》するなり●このこゝ《こ》ろは安心《あんじんノ》をとりて《ツ》のうへ《エ》のことどもにて侍《はんべ》るなりと●こゝ《こ》ろえらるべきことなりと●おもふ《オ》べきものなり●あなかしこ〱《あなかしこ》

明應七年五月下旬

二

抑《そもそも》○今日《こんにち》御影前《ごえいぜん》へ御《おん》まいり候《ソオロオ》面々《めんめん》は《ナ》●聖教《しょうぎょう》をよみ候《ソオロオ》を、御聴聞《ごちょうもん》のためにてぞ御入《おんにり》候《ソオロオ》らん●されば、いづ《ズ》れの所《ところ》にても●聖教《しょうぎょう》を聴聞《ちょうもん》せられ候《ソオロオ》ときも●その義理《ぎり》をきゝ《き》、わけらるゝ《る》分《ぶん》もさらに候《ソオラ》は《ワ》で●たゞ《だ》、人目《ひとめ》ばかりのやう《ヨオ》に、みな〳〵《みな》あつまられ候《ソオロオ》ことは●なにの篇目《へんもく》もなきやう《ヨオ》におぼへ《エ》候《ソオロオ》●夫《それ》、聖教《しょうぎょう》をよみ候《ソオロオ》ことも●他力《たりき》の信心《しんじん》を《ノ》とらしめんがためにこそ、よみ候《ソオロオ》ことにて候《ソオロオ》に●さらに、その謂《いわれ》をきゝ《き》わけ候《ソオライ》て●わが信《しん》のあさきをも、なを《オ》され候《ソオラ》は《ワ》んことこそ●佛法《ぶっぽう》《ツ》の本意《ほんに》にてはあるべきに●毎日《まいにち》に聖《しょう》敎《ぎょう》があるとては●しるもしらぬもよられ候《ソオロオ》ことは●所詮《しょせん》もなきことにて候《ソオロオ》●今日《こんにち》よりしては、あひ《イ》かまへ《エ》てその謂《いわれ》をきゝ《き》わけられ候《ソオライ》て●もとの信心《しんじん》のわろき事《こと》をも●ひとにたづ《ズ》ねられ候《ソオライ》て●なを《オ》され候《ソオラ》は《ワ》では、かなふ《カノオ》べから

ず候《ソオロオ》●その分《ぶん》を《ノ》よく〳〵《よく》こゝ《こ》ろえられ候《ソオライ》て●聴聞《ちょうもん》候《ソオラ》は《ワ》ゞ《ば》

●自行化他《じぎょうけた》のため、しかるべき事《こと》にて候《ソオロオ》●そのとほ《オ》りを

あらまし、たゞ《だ》いま申《モオ》しはんべるべく候《ソオロオ》●御耳《おんみみ》をすまし

て御《おん》きゝ《き》候《ソオラ》へ《エ》●

〈上ゲル〉

夫《それ》○安心《あんじん》と申《モオ》すは●いかなるつみのふかきひとも●もろ

〳〵《もろ》の雑行《ぞうぎょう》をすてゝ《て》●一心《いッしん》に彌陀如来《みだにょらい》をたのみ●今度《こんど》の

われらが後生《ごしょう》たすけたまへ《エ》と申《モオ》すをこそ●安心《あんじん》を《ノ》決定《けッじょう》し

たる念佛《ねんぶッ》の行者《ぎょうじゃ》とは申《モオ》すなり●この謂《いわれ》をよく決定《けッじょう》しての

うへ《エ》の、佛恩報謝《ぶッとんほうしゃ》のためといへ《エ》ることにては候《ソオロオ》なれ●さ

れば、聖人《しょうにん》の和讃《わさん》にも、このこゝ《こ》ろを●智慧《ちえ》の念佛《ねんぶッ》うることは●法藏願力《ほうぞうがんりき》のなせるなり●信心《しんじん》の智慧《ちえ》なかりせば、いかでか涅槃《ねはん》を《ノ》さとらましと、おほ《オ》せられたり●此信心《このしんじん》を《ノ》よく〱《よく》決定候《けッじょうソオラ》は《ワ》では●佛恩報盡《ぶッとんほうじん》と申《モオ》すことは、あるまじきことにて候《ソオロオ》●なにと、御《おん》こゝ《こ》ろへ《エ》候《ソオロオ》やらん●この分《ぶん》を《ノ》よく〱《よく》御《おん》こゝ《こ》ろへ《エ》候《ソオライ》て●みな〱《みな》御《おん》かへ《エ》り候《ソオラ》は《ワ》ば●やがてやど〱《やど》にても信心《しんじん》のとほ《オ》り、あひ《イ》たがひ《イ》に沙《さ》汰《た》せられ候《ソオライ》て●信心決定候《しんじんけッじょうソオラ》は《ワ》ゞ《ば》●今度《こんど》の往生極樂《おうじょうごくらく》は、一《いち》定《じょう》にてあるべきことにて候《ソオロオ》●あなかしこ〱《あなかしこ》

# 明應七年五月下旬

三

抑《そもそも》○今月《こんがッタ》は●既《すで》に前住上人《ぜんじゅうしょうにん》の、御正忌《ごしょうき》にてわたらせおは《ワ》しますあひ《イ》だ●未安心《みあんじん》のひと〲《びと》は●信心《しんじんノ》をよく〱《よく》とらせたまひ《イ》候《ソオラ》は《ワ》ゞ《ば》●すなは《ワ》ち今月《こんがッ》前住《ぜんじゅう》の報謝《ほうしゃ》ともなるべく候《ソオロオ》●されば、この去《さん》ぬる夏比《なつごろ》より●このあひ《イ》だにいたるまで●毎日《まいにち》にかたのごとく耳《みみ》ぢかなる聖教《しょうぎょう》の、ぬきがきなんどをえらびいだして●あら〱《あら》よみまうすやう《モオスヨオ》に候《ソオロオ》といへ《エ》ども●來臨《らいりん》の道俗男女《どうぞくなんにょ》を、凡《およそ》みをよ《オ》び申《モオシ》候《ソオロオ》に●いつも躰《てい》にて更《さら》にそのいろもみえましまさずとおぼえ候《ソオロオ》●所詮《しょせん》それをいかんと申《モオシ》候《ソオロオ》に●毎日《まいにち》の聖教《しょうぎょう》に、なにたることをたふとき《トオトキ》とも●又《また》、殊勝《しゅしょう》なるとも申《モオ》され候《ソオロオ》ひと〲《びと》の●一人《いちにん》も御《おん》い《ニ》り候《ソオラ》は《ワ》ぬときは●なにの諸篇《しょへん》もなきことにて候《ソオロオ》●信心《しんじん》のとほ《オ》りをも●又《また》、ひとすぢ《ジ》めを御《おん》きゝ《き》わけ候《ソオライ》てこそ●連々《れんれん》の聴聞《ちょうもん》のひとかどにても候《ソオラ》は《ワ》んずるに●うか〱《うか》と御入候《おんにりソオロオ》躰《てい》たらく●言語道断《ごんごどうだん》しかるべからずおぼへ《エ》候《ソオロオ》●たとへ《エ》ば聖教《しょうぎょう》をよみ候《ソオロオ》と申《モオス》も●他力信心《たりきしんじん》を《ノ》とらしめんがためばかりのことにて候《ソオロオ》あひ《イ》だ●初心《しょしん》のかたぐ《がた》は、あひかまへ《エ》て今日《こんにち》の此御影前《このごえいぜんノ》を御《おん》たちいで候《ソオラ》は《ワ》ゞ《ば》●やがて不審《ふしん》なることをも申《モオ》されて●人々《ひとびと》にたづ《ズ》ね申《モオ》され候《ソオライ》て●信心《しんじんノ》決定《けッじょう》せられ候《ソオラ》は《ワ》んづることこそ、肝《かん》要《にょう》たるべく候《ソオロオ》●その分《ぶんノ》をよく《よく》御《おん》こゝ《こ》ろえあるべく候《ソオロオ》●それにつき候《ソオライ》ては●なにまでもいり候《ソオロオ》まじく候《ソオロオ》●弥陀《みだ》をたのみ信心《しんじんノ》を御《おん》とりあるべく候《ソオロオ》●その安心《あんじん》のすがたを●たゞ《だ》いまめづ《ズ》らしからず候《ソオラ》へ《エ》ども、申《モオス》べく候《ソオロオ》●御《おん》こゝ《こ》ろをしづ《ズ》め、ねふ《ム》りをさましてねんごろに聴聞《ちょうもん》候《ソオラ》へ《エ》●夫《それ》○親鸞聖人《しんらんしょうにん》のすゝ《す》めましく《まし》候《ソオロオ》、他力《たりき》の安心《あんじん》と申《モオス》は●

なにのやう《ヨオ》もなく、一《ツ》心《いっしん》に彌陀如来《みだにょらい》をひしとたのみ●後《ご》生《しょう》たすけたまへ《エ》とまふさん《モオサン》ひと〲《びと》は●十人《じゅうにん》も百人《ひゃくにん》も、のこらず極樂《ごくらく》に往生《おうじょう》すべき事《こと》、さらにそのうたがひ《イ》あるべからず候《ソオロオ》●この分《ぶん》を《ノ》面々各々《めんめんかっかく》に、御《おん》こゝ《こ》ろえ候《ソオライ》て●みな〱《みな》本々《ほんぼん》へ御《おん》かへ《エ》りあるべく候《ソオロオ》●あなかしこ〱《あなかしこ》

明應七年六月中旬

四

抑《そもそも》●今月十八日《こんがッじゅうはちにち》の前《まえ》に○安心《あんじん》の次第《しだい》あら〱《あら》、御《おん》ものがたり申《モオシ》候《ソオロオ》ところに●面々聴聞《めんめんちょうもん》の御人数《ごにんじゅ》のかた〲《がた》、いかゞ《が》御《おん》こゝ《こ》ろえ候《ソオロオ》や●御《おん》こゝ《こ》ろもとなくおぼへ《エ》候《ソオロオ》●いくたび申《モオシ》てもたゞ《だ》おなじ躰《てい》に御《おん》きゝ《き》なし候《ソオライ》ては●毎日《まいにち》にをひ《オイ》て、随分勘文《ずいぶんかんもん》を《ノ》よみ申候《モオシソオロオ》、その甲斐《かい》もあるべからず●たゞ《だ》ひとすぢ《ジ》めの信心《しんじん》のとほ《オ》り●御《おん》こゝ《こ》ろえの分《ぶん》も候《ソオラ》は《ワ》では●さら〱《さら》所詮《しょせん》なきことにて候《ソオロオ》●されば未安心《みあんじん》の御《おん》すがた●たゞ《だ》人目《ひとめ》ばかりの御心中《ごしんじゅう》を御《おん》もち候《ソオロオ》かた〴〵《がた》は●毎日《まいにち》の聖教《しょうぎょう》には中々聴聞《なかなかちょうもん》のこと、无益《むやく》かと、おぼへ《エ》候《ソオロオ》●その謂《いわれ》は、いかんと申候《モオシソオロオ》に●はやこの夏中《げちゅう》もなかばはすぎて●廿四五日《にじゅうしごにち》のあひ《イ》だのことにて候《ソオロオ》●又《また》、上《じょう》来《らい》も、毎日聖教《まいにちしょうぎょう》の勘文《かんもん》を《ノ》えらびよみ申《モオシ》候《ソオラ》へ《エ》ども●たれにても一人《いちにん》として今日《こんにち》の聖教《しょうぎょう》に、なにと申《モオシ》たることのたう《トオ》とき《トキ》とも●又不審《ふしん》なるとも、おほ《オ》せられ候《ソオロオ》人数《にんじゅ》一人《いちにん》も御《おん》入《にり》候《ソオラ》は《ワ》ず候《ソオロオ》●この夏中《げちゅう》と申《モオ》さんもいまのことにて候《ソオロオ》あひ《イ》だ●みな〱《みな》人目《ひとめ》ばかり名聞《みょうもん》の躰《てい》たらく、言語道断《ごんごどうだん》あさましくおぼえ候《ソオロオ》●これほどに毎日《まいにち》、耳《みみ》ぢかに聖教《しょうぎょう》の中《なか》をえらびいだし申《モオシ》候《ソオラ》へ《エ》ども●つれなく御《おん》わたり候《ソオロオ》こと●誠《まこと》にことのたとへ《エ》に、鹿《しし》の角《つの》をはちのさしたるやう《ヨオ》に、みな〱《みな》おぼしめし候《ソオロオ》あひ《イ》だ●千万《せんばん》〱《せんまん》《ス》勿躰《もッたい》《ツ》なく候《ソオロオ》●ひと

夏の御文

つ《ツ》は《タ》、无道心《むどうしん》、ひとつは无興隆《ぶこうりゅう》とも、おぼへ《エ》候《ソオロオ》●この聖《しょう》教《ぎょう》をよみ申《モオシ》候《ソオラ》は《ワ》んも、今《いま》、卅日《さんじゅうにち》の内《うち》のことにて候《ソオロオ》●いつまでのやう《ヨオ》につれなく御心中《ごしんじゅう》も御《おん》なほ《オ》り候《ソオラ》は《ワ》では、真《しん》實々《じッしんじつ》无道心《むどうしん》に候《ソオロオ》●誠《まこと》に、たからの山《やま》にいりて《ッ》手《て》をむなしくして、かへ《エ》りたらんにひとしかるべく候《ソオロオ》●されば、とて、當流《とうりゅう》の安心《あんじん》を《ノ》とられ候《ソオラ》は《ワ》んにつけても●なにのわづ《ズ》らひ《イ》か、御《おん》わたり候《ソオラ》は《ワ》んや《ニャ》●今日《こんにち》よりして、ひしと、みなく《みな》おぼしめしたち候《ソオライ》て●信心《しんじん》を《ノ》決定《けツじょう》候《ソオライ》て●このたびの往生極樂《おうじょうごくらく》をおぼしめし、さだめられ候《ソオラ》は《ワ》ゞ《ば》●まことに聖人《しょうにん》の御素意《ごそい》にも、本意《ほんに》とおぼしめし候《ソオロオ》べきものなり●〈上ゲル〉この夏《なつ》の初《はじめ》より●既《すで》に、百日《ひゃくにち》のあひ《イ》だ、かたのごとく、安心《あんじん》のを《オ》もむき申候《モオシソオロオ》といへ《エ》ども●誠《まこと》に御《おん》こゝ《こ》ろにおもひ《イ》いれられ候《ソオロオ》、すがたも、さのみみえたまひ《イ》候《ソオラ》は《ワ》ず候《ソオロオ》●既《すで》に夏中《げちゅう》と申《モオス》も、今日明日《こんにちみょうにち》ばかりのことにて候《ソオロオ》●こののちも、このあひ《イ》だの躰《てい》たらくにて、御入《おんにり》あるべく候《ソオロオ》や●あさましくおぼえ候《ソオロオ》●よく〱《よく》安心《あんじん》の次第《しだい》ひとにあひ《イ》、たづ《ズ》ねられ候《ソオライ》て●決定《けッじょう》せられべく候《ソオロオ》●はや、明日《みょうにち》までの事《こと》にて候間《ソオロオあいだ》●かくのごとく、かたく申《モオシ》候《ソオロオ》なり●よく〱《よく》、

御《おん》こゝ《こ》ろへ《エ》あるべく候《ソオロオ》なり●あなかしこく《あなかしこ》

明應七年七月中旬

真宗大谷派

# 御文拝読稽古本

（所作法）

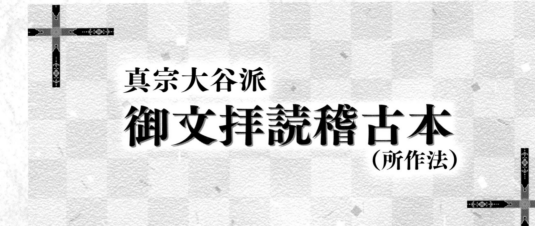

御文拝読稽古本

# 目次

## 御文拝読作法について

御文の拝読は、勤行から、法話までの一連の儀式の中で行われる。大きく平日の法要時（晨朝）と命日法要および定会《じょうえ》の法要時の作法がある。その他、報恩講の結願逮夜に「御俗姓」の御文が、夏中には「夏の御文」が拝読される。

なお一月一日の晨朝に一帖目第一通から読み始め、廻り口で拝読してゆく。ただし報恩講等の法要時に拝読される御文*は廻り口から除く。

*以下の御文が廻り口から除かれている
- 末代無智（五帖目第一通）、毎月両度（四帖目第十二通）：先門首命日法要で拝読
- 聖人一流（五帖目第十通）、鸞聖人（三帖目第九通）：宗祖の例月命日法要で拝読
- 鸞聖人（三帖目第九通）、毎年不闕（三帖目第十一通）、中古已来（四帖目第五通）、三箇条（四帖目第六通）、六箇条（四帖目第七通）、八箇条（四帖目第八通）、大坂建立（四帖目第十五通）、御正忌（五帖目第十一通）：報恩講で拝読
- 御浚え（二帖目第一通）：お浚えで拝読

### 報恩講での御文拝読例

【一昼夜】
第一日　逮夜　大坂建立（四帖目第十五通）または御俗姓
第二日　晨朝　鸞聖人（三帖目第九通）または御正忌（五帖目第十一通）
【二昼夜】
第一日　逮夜　大坂建立（四帖目第十五通）
第二日　晨朝　毎年不闕（三帖目第十一通）
　　　　逮夜　御俗姓
第三日　晨朝　鸞聖人（三帖目第九通）または御正忌（五帖目第十一通）
【三昼夜】
第一日　逮夜　大坂建立（四帖目第十五通）
第二日　晨朝　六箇条（四帖目第七通）
　　　　逮夜　毎年不闕（三帖目第十一通）
第三日　晨朝　中古已来（四帖目第五通）
　　　　逮夜　御俗姓
第四日　晨朝　鸞聖人（三帖目第九通）または御正忌（五帖目第十一通）

# 五帖御文

## 1.　平日の法要時

平日の晨朝時の作法である。

### 準　備

御文箱[*1]は向かって左側の余間壇上、内陣本間寄りの菊灯台の左側に置いておく。

あらかじめ、その日拝読する御文を上に置き[*2]、字指[*3]を指しておく。

＊1　平常は五帖がすべて入る黒塗、紋入りの御文箱を用いる。
＊2　拝読し終わった帖は一番下に入れる。
＊3　字指は拝読する御文の前に指す。ただし、頁の初めから始まる場合は、2行目と3行目の間に指す。

### 装　束

そのときの法要の装束である。

### 拝読者出仕

拝読者が勤行に出仕している場合[*1]は(❶)、退出時に、御文を御文箱の蓋に入れて[*2](❷)、外陣に下り、所定の場所で拝読する(❸)。

＊1　このとき余間での拝礼を略する。拝読者が勤行に出仕しない場合は、拝礼してから拝読をする。9頁「命日法要や定会法要のとき」の「拝読者出仕」を参照のこと。
＊2　御文は左下に寄せて置く。

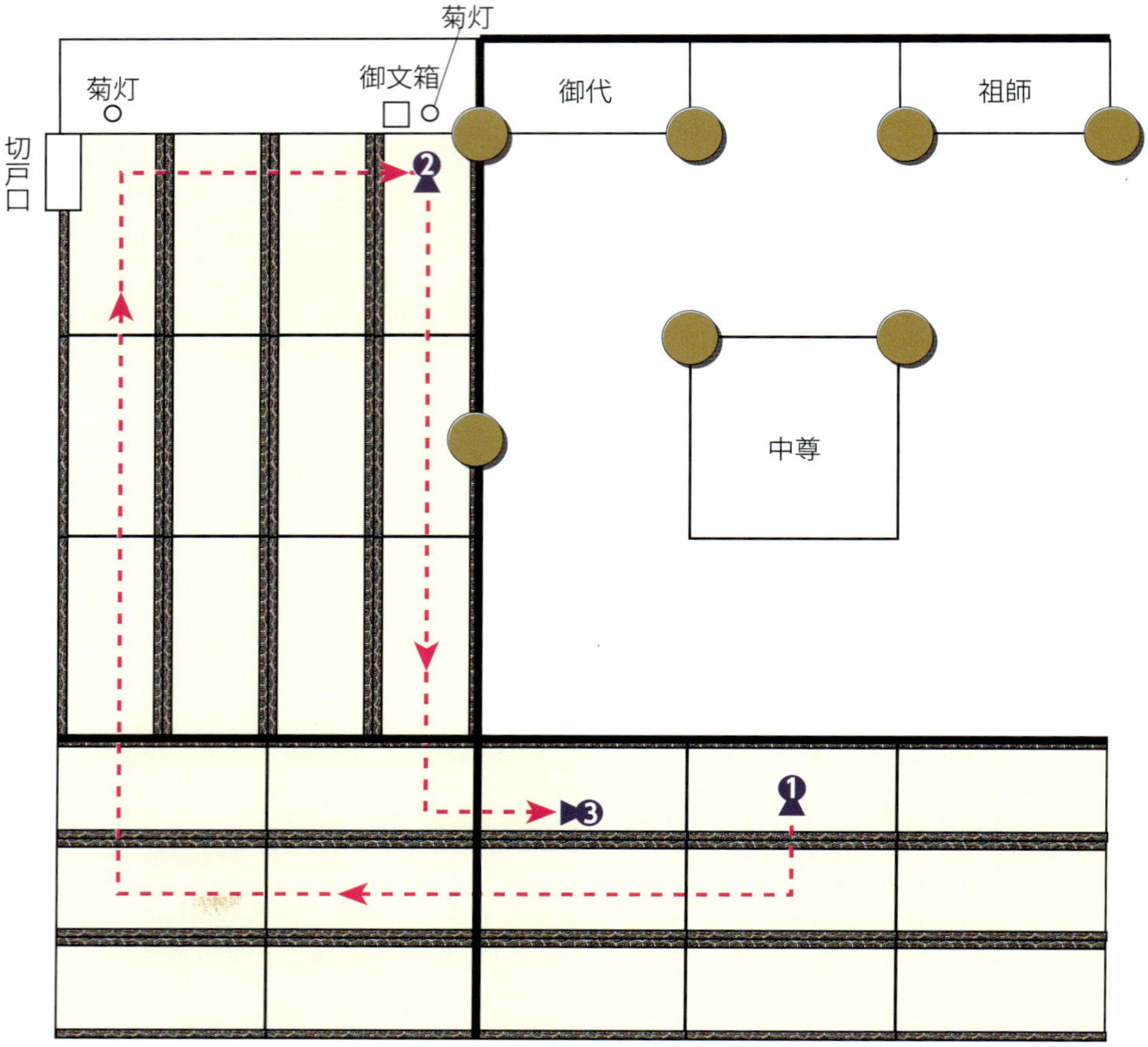


## 御文箱の蓋を持つ

御文箱の蓋を取り＊1、裏返して、箱の左横に置く。

一番上に載っている御文を蓋に入れて持つ＊2。肘を張らずに、蓋は胸の辺りにやや向こう上がりに保ち、先の方が下がらないようにする。

＊1　手を出すときは、左手から、手を引くときは右手からが原則である。前に出す、進むときは左から、後ろに引く、退くときは右から、「進左退右」が原則である。
＊2　このとき御文は左手前に寄せる。

## 着　座

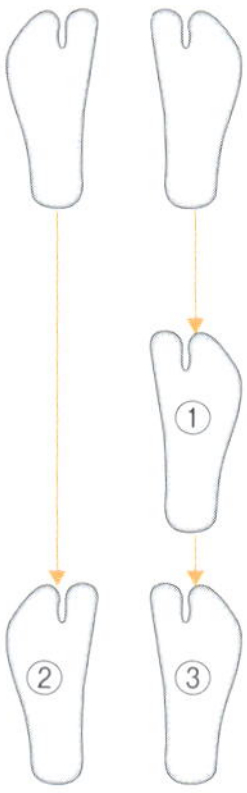


余間では滑敷居際《ぬめじきい》の畳を進み、外陣では金障子側一畳目の畳を進む。一旦御代前、正面より一歩進んで両足で止まる。およそ一歩半程度下がって着座する＊。御文箱の蓋を体の正面に置いてから、衣の裾をさばき、威儀を正す。

＊「進左退右」の原則により、右、左、右（半歩ほど）と退き、左足に右足を揃える。拝読中の御文が蓮如上人の正面に来るように座る。つまり膝頭辺りが正面に来るようにする。

## 御文を頂戴する

御文の手前に静かに左手を当て、右手ですくい上げ持ち、一旦膝の上、みぞおち辺りで構える。

そのまま、やや肘を張り、上体を曲げて頂戴する。このとき御文は額に近づけて、やや向こう上がりの状態を保つ。

## 拝読

御文を胸の辺りに保ち、字指のところを開き、読み始める頁の手前側両端の辺りを持ち、拝読を始める。

左側の頁を読み終わったときには頁をめくる。左手親指を次の頁に入れ、中央綴じ目に指を滑らせる。上がってきた頁の上、綴じ目のところに右の親指を入れ、右端まで親指を滑らせて持つ。

拝読が終われば、静かに御文を閉じ、再度頂戴する。

## 退出

まず、御文を蓋の中に収める。蓋を胸の辺りまで持ち上げてから、静かに起座し、右足を引き左廻りで（内陣を向いて）転回し（❶）、もとの経路を進む。壇上に置いて、字指を次の御文のところに指しかえ、御文を箱に収め蓋をする（❷）。拝礼し（❸）、切戸口から退出する。

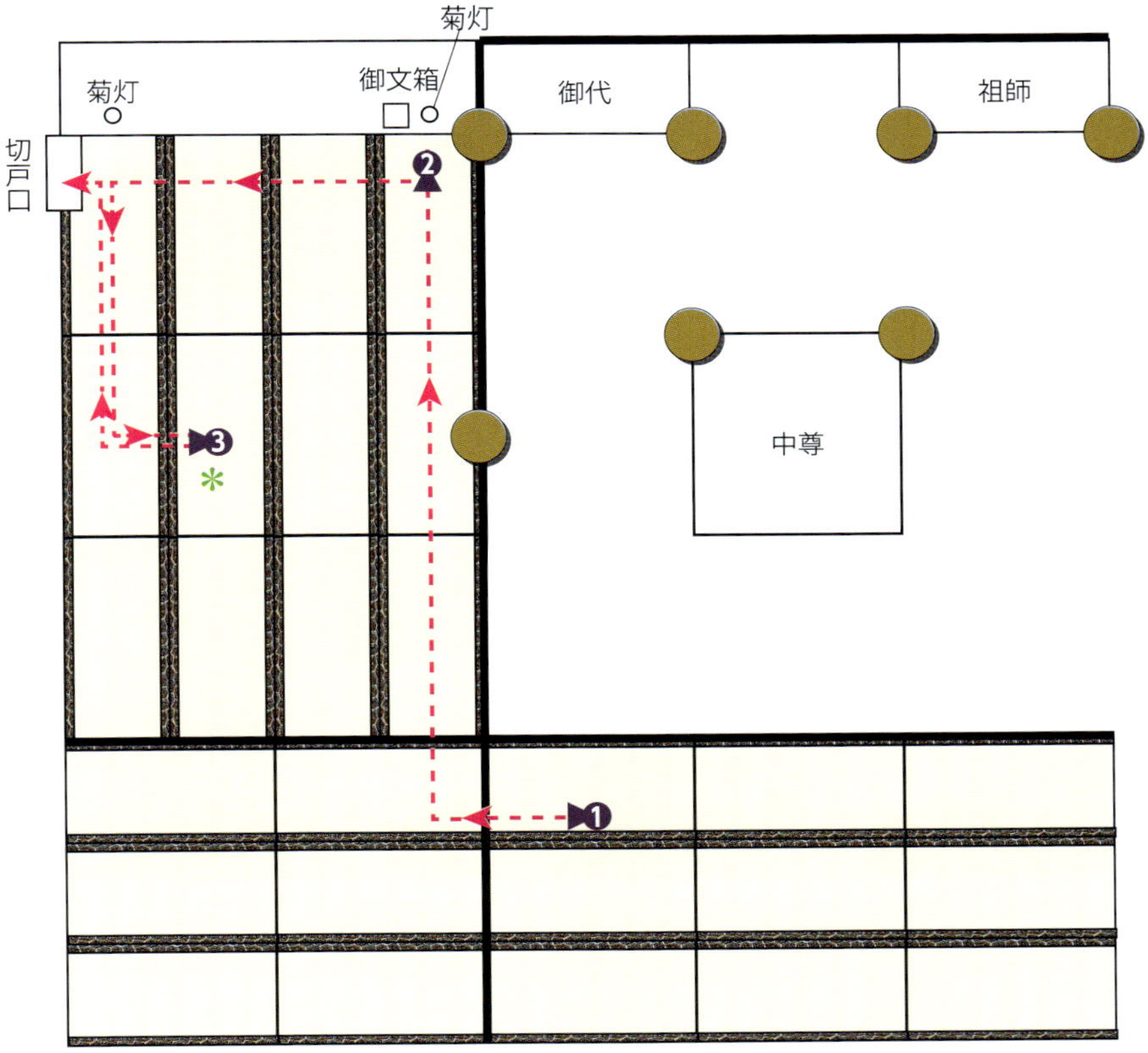


* 拝礼の位置から退出するときは、来たときと同じ経路を通る。

## 2.　命日法要や定会法要のとき

法事用の御文箱*を用いる。

＊　本山では梨子地散蓮のものを用いている。

### 準　備

御文箱の位置は変わらないが、法事用の御文箱に、そのとき拝読する御文が載った一帖のみを入れ、字指を指しておく。

### 拝読者出仕

回向文の助音で切戸口から出仕する*1。余間の切戸口より二畳目、中尊の横正面に座り、拝礼する*2(❶)。勤行が終わり、内陣出仕者が退出し終わるのに合わせて起座し、御文箱を取り(❷)、外陣に下りて拝読する(❸)。

＊1　調声中に出仕はしない。

＊2　中啓は音を立てないように静かに置く。

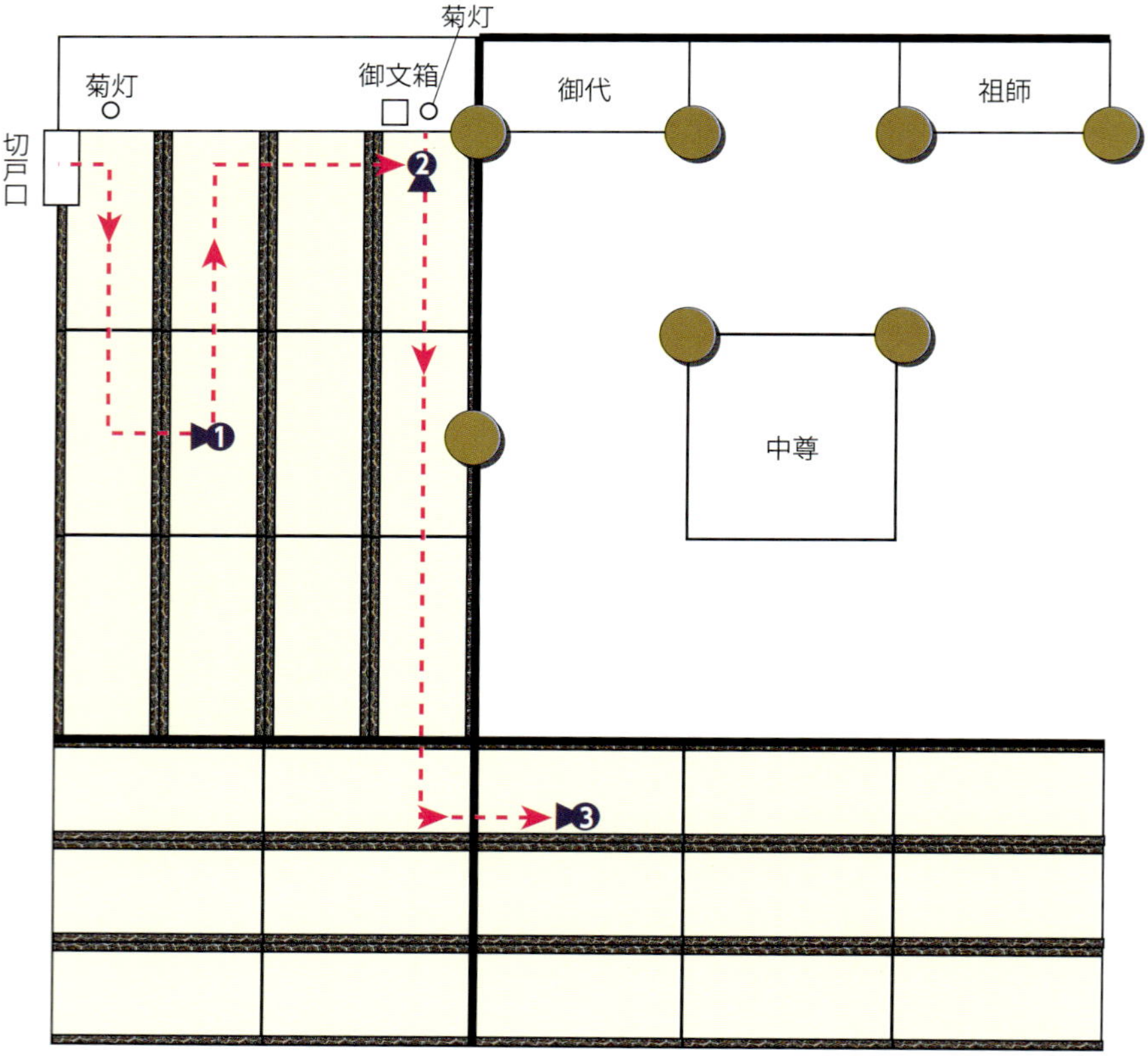

## 御文箱を持つ

御文箱を持つときには、中啓を箱の右側に当て、左手は念珠を持ったまま、親指で蓋の上側を抑え、残りの四指を底に当てる。

## 着　座

平日の法要時と同じであるが、着座し、体の正面に御文箱を置く。中啓を右膝の前に置き*、衣の裾をさばき、威儀を正す。その後、手前に弧を描くように蓋を開け、裏返さずに、箱の右側に置く。

* 蓋を開けて、置いたときに邪魔にならない位置に置く。

## 頂戴・拝読

前に同じ。

## 退　出

拝読が終われば、静かに御文を閉じ、箱の中に収め、手前に弧を描くように蓋をする。次いで、中啓を取り、箱を持って起座する。御文箱を所定の位置に置き、元の位置で拝礼して退出する。

# 御俗姓

御俗姓は報恩講の結願逮夜に拝読される。蓮如上人作の御文の一つである。

## 準　備

御俗姓は、あらかじめ御俗姓箱の蓋に収め、御文箱の上に荘り置く。以下着座までは、9頁「命日法要や定会法要のとき」と同じである。

## 装　束

結願逮夜の装束である。

## 着　座

着座し、体の正面に御俗姓箱の蓋を置く。次いで、中啓を置き、衣の裾をさばき、威儀を正す。

## 頂戴・拝読

頂戴した後、元の姿勢に戻り、拝読を始める。巻に紐がある場合、紐を解き、表紙の端に巻きつける*。御俗姓を肩幅程度に開いて、中央部分を常に拝読するように、左右の手で巻き進める。拝読が終われば巻末まで巻いて、そのまま頂戴し、蓋に収める。

* 前から上に廻して巻きつける。

## 退　出

以下は10頁と同じ。

# 夏の御文

全部で四通あり、夏中*に拝読される。正午の御仏供お控え過ぎに、勤行をせずに拝読を行う。御文法話を行うこともある。

* 旧暦の立夏から、立秋の前日までの間を指すが、過去には本山では5月15日から8月15日まで、のちには最初と最後の4日間に拝読された。ただし現在では拝読されていない。いくつかの別院等においては現在でも、夏中に期日を定めて拝読されている。

## 準備

後門正面須弥壇裏際中央に卓を置き、その上に御文*を収めた箱を置く。

拝読者は拝読前に、中尊、祖師前の燃香をする。

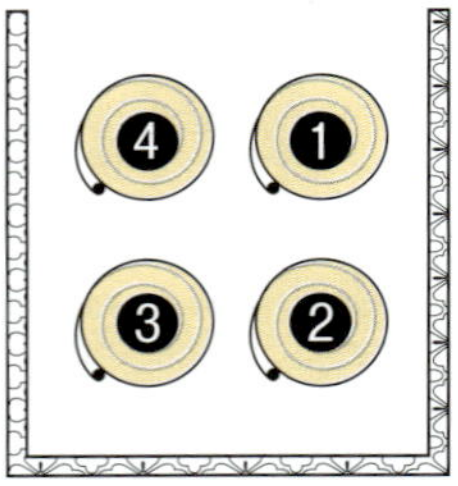


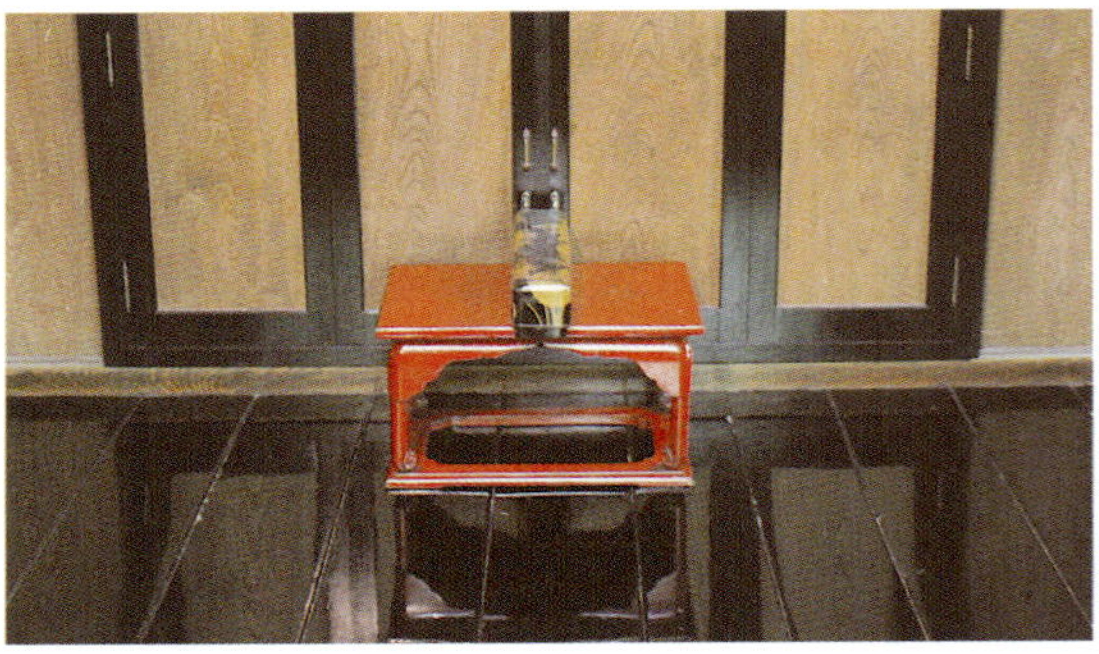

* それぞれ巻物に仕立てたものを用いる。

## 装束

直綴、墨袈裟、白服、安静型念珠、中啓。

## 拝読者出仕

後堂中尊正面の薄縁に座り、拝礼する(❶)。

内陣に上がり、御文箱の蓋を取り、当日拝読の御文を箱の蓋に収め(❷)、

それを持ち、後門御代前側から出て、歩いたまま御代前で軽く頭礼し、余間に出て、外陣に下り着座する(❸)。

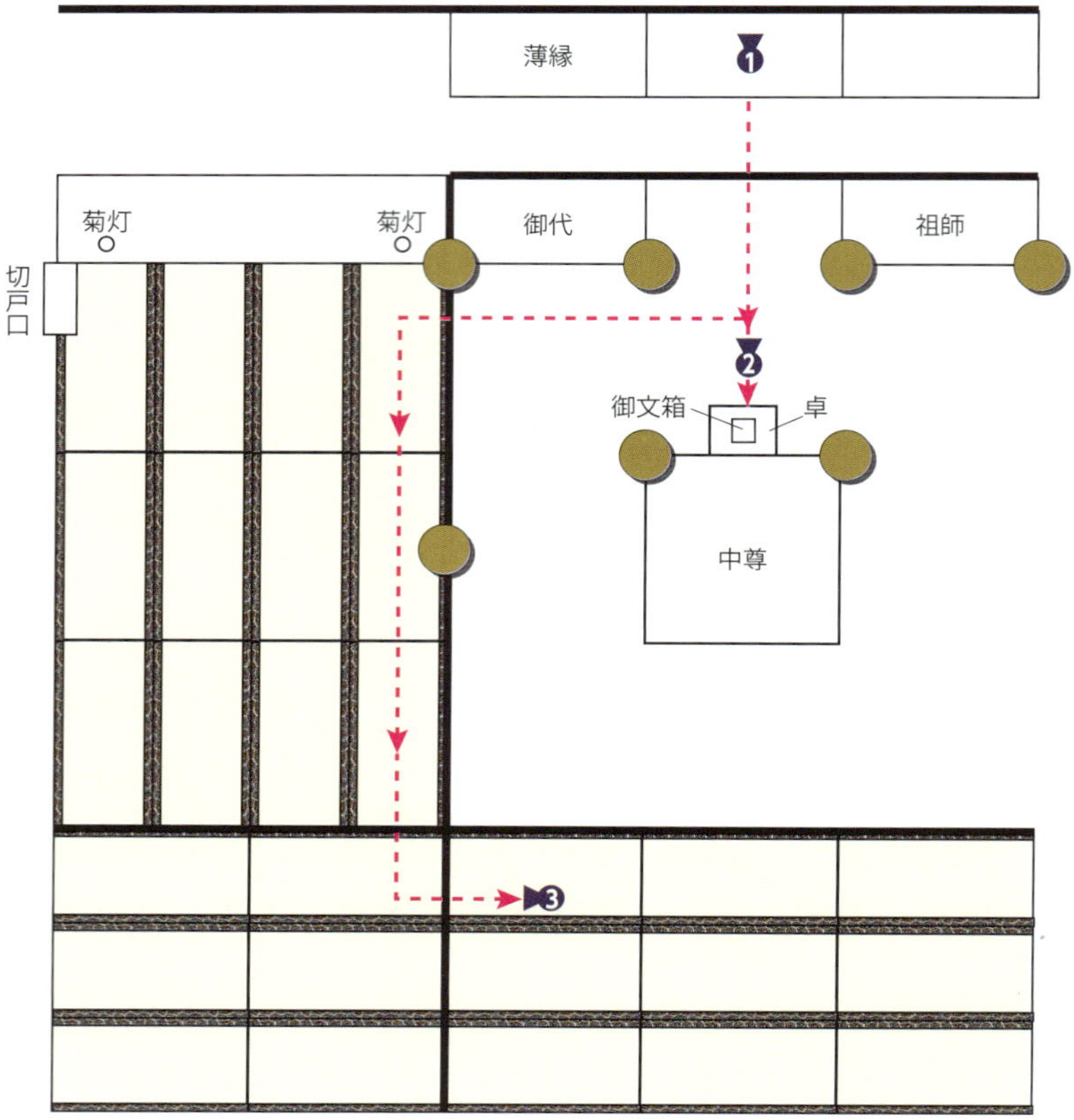


## 着座

着座し、正面に蓋を置き、中啓を右膝の前に置き、裾をさばき、威儀を正す。以下作法は御俗姓拝読に同じ。

## 退出

御文を箱の蓋に収めた後、出仕と同じ経路を戻って退出する。後門、卓前に着座し、図の位置に拝読した御文を巻き戻すことなく＊1、そのまま収める＊2。蓋をしてその場で拝礼し、後堂に退下する。

＊1　次の日の拝読までに巻き戻す。
＊2　常に次の日に拝読する御文が右の上になるようにする。

# 御文法話

浄土真宗の法話は蓮如上人以来、御文法話を基本としてきた。勤行を含めた儀式の一部として法話が行われてきたのである。法話の内容、方向性を御文によって定めるのである。

## 作　法

上に述べたように御文の拝読の前に法話を行うのが基本である。着座し、御文を開き、そこに目を通した後、御文を開いたまま蓋（平日の法要時）、あるいは箱に載せて（命日法要や定会法要のとき）、法話を始める＊。参詣者の方を向いて行うのではなく、姿勢、方向は御文拝読のままである。法話が終われば御文を拝読して、退下する。

＊　巻物のときは一旦、目を通した後、巻を閉じ蓋の向側に掛ける。

◆メモ◆

◆メモ◆

◆メモ◆